Unterrichtsideen
Spiele im Geschichtsunterricht der Sekundarstufe I

Spielformen, methodische Anregungen und
Materialien zu ausgewählten Themen
aus Antike, Mittelalter und Neuzeit

Hildegard Gramatzki

Materialien

Ernst Klett Verlag für Wissen und Bildung
Stuttgart • Dresden

Hinweise für den Einsatz der Materialien im Unterricht gibt der Lehrerband:
Hildegard Gramatzki: Unterrichtsideen Spiele im Geschichtsunterricht in der Sekundarstufe I.
Spielformen, methodische Anregungen und Materialien zu ausgewählten Themen
aus Antike, Mittelalter und Neuzeit.

Klettbuch 922692

Gedruckt auf Papier, welches aus Altpapier hergestellt wurde.

Die Deutsche Bibliothek – CIP-Einheitsaufnahme

Unterrichtsideen Spiele im Geschichtsunterricht der Sekundarstufe I:
Spielformen, methodische Anregungen und Materialien zu ausgewählten Themen
aus Antike, Mittelalter und Neuzeit; Materialien/
Hildegard Gramatzki. – 1. Aufl. – Stuttgart; Dresden:
Klett, Verlag für Wissen und Bildung, 1994
ISBN 3-12-922693-1

1. Auflage 1994

Druck und Bindung: Wilhelm Röck, Weinsberg
Einbandgestaltung: BSS Werbeagentur Sachse und Partner, Bietigheim
ISBN 3-12-922693-1

Inhaltsverzeichnis

M 1

Arbeitsbogen für die Senatoren, Kleinbauern, Frauen der Handwerker und Proletarier

Das Gespräch in eurer Gruppe

Du sollst in deiner Gruppe ein Gespräch mit den anderen drei Teilnehmer/innen führen. Dazu mußt du erst einmal aufschreiben, was für deine Rolle wichtig ist:

Stelle dich vor.
Erzähle, wovon du lebst, wie du dein Geld verdienst.
Welche Probleme hast du?
Was denkst du über Tiberius Gracchus?
Weißt du schon, wie du abstimmen wirst?

Formuliere nun deinen Rollentext für das Gruppengespräch selbst:

„Ich bin ____

M 2

Die Rolle der Sprecherin

Die Sprecherin liest (oder besser, spricht frei) folgende Texte vor:

Eröffnung der ersten Spielszene

„Tiberius klopft an, tritt in die Villa ein und setzt sich zum Gespräch zu seiner Mutter!"
(Szene wird gespielt)

Dann Zwischentext:

„Heute tritt die Volksversammlung zusammen. In ganz Rom gibt es nur ein Gesprächsthema: Soll man Tiberius erneut zum Volkstribun wählen oder nicht? Wir gehen zum Senat und hören uns das folgende Gespräch an!"
(Gespräch der Senatoren)

Dann Zwischentext:

„Wir kommen in ein römisches Mietshaus und hören bei einem Gespräch von vier Frauen zu!"
(Gespräch der Handwerkersfrauen und Proletarierinnen)

Dann Zwischentext:

„Wir gehen zu einer Gruppe von Kleinbauern, die aus der Umgebung Roms gerade in die Stadt gekommen sind, und hören uns ihre Meinung an!"
(Gespräch der Kleinbauern)

Dann Zwischentext:

„Nun befinden wir uns wieder in einer römischen Mietskaserne, wo sich noch einmal vier Frauen versammelt haben!"
(Gespräch der Handwerkersfrauen und Proletarierinnen; zweite Gruppe, falls vorhanden)

Dann Zwischentext:

„Nun sind wir auf dem Platz vor dem Jupitertempel angekommen. Die Wahl in der Volksversammlung soll beginnen.
Tiberius Gracchus hält eine Rede an die Bürger Roms!"
(Tiberius spricht)

(Danach tritt Konsul Lucullus in Aktion)

M 3

Cornelia, Mutter von Tiberius Gracchus

Du bist Cornelia, eine vornehme, adlige Römerin. Du wohnst in einer luxuriösen Villa und hast viele Sklavinnen, die die schwere Hausarbeit verrichten. Dein Vater war der bekannte Scipio, der den siegreichen Feldzug gegen Hannibal geführt hat.
Nun hast du selbst einen berühmten Sohn, Tiberius Gracchus. Den kennt inzwischen fast jedes Kind in Rom. Denn Tiberius ist zur Zeit Volkstribun und hat sich sehr für das Wohl der vielen armen Kleinbauern eingesetzt. Du bist sehr stolz auf ihn. Er hat es im letzten Jahr sogar geschafft, ein neues Gesetz („Ackergesetz") in der Volksversammlung abstimmen zu lassen. Darin steht, daß jeder Bauer mindestens ein Stück Land von sieben Hektar vom Staat zur Bewirtschaftung bekommen soll. Die reichen Großgrundbesitzer müssen dafür einen bestimmten Teil ihrer Latifundien (Ländereien) an den Staat abgeben. Das findest du auch in Ordnung so. Doch leider gibt es dabei doch ein großes Problem. Dein Sohn Tiberius hat nämlich deiner Meinung nach einen großen Fehler begangen. Im letzten Jahr hat er die Volksversammlung dazu gebracht, einen anderen Volkstribun, der die Reichen unterstützte, absetzen zu lassen. Das ist bisher noch nie dagewesen und spricht auch gegen die römische Verfassung. Ein Volkstribun ist nämlich „sakrosankt", das heißt unantastbar. Niemand kann ihn einfach absetzen lassen, auch nicht die reichen Senatoren oder einer der mächtigen Konsuln. Ein Volkstribun hat ja wichtige Aufgaben. Er soll einzelnen Bürgern zu Hilfe kommen und darf gegen jeden Gesetzesantrag sein Veto (seinen Einspruch) einlegen, wenn er es für richtig hält.
Dein Sohn hat in deinen Augen die römische Verfassung schwer verletzt und bringt damit die Republik in Gefahr. Wenn man gegen die Sitten der Vorfahren verstößt und die altrömischen Tugenden nicht achtet, könnte man den Zorn der Götter auf sich ziehen.
Davor willst du deinen Sohn bewahren.
Es gibt noch einen zweiten Grund, warum du dir solche Sorgen machst. Tiberius hat sich in diesem Jahr (132 v. Chr.) zum zweiten Mal als Kandidat zum Volkstribun aufstellen lassen. Auch das ist nicht in Ordnung, denn ein Volkstribun darf sein Amt immer nur ein Jahr lang ausüben.
Heute tritt die Volksversammlung zur Wahl zusammen. Deshalb versuchst du, vor Beginn der Wahl deinem Sohn klarzumachen, daß das so nicht geht. Du hast ihn zu einem Gespräch in deine Villa bestellt. Du bist verärgert über ihn, redest ihm ins Gewissen und sagst ihm folgendes:

„Mein lieber Sohn! Als deine Mutter, die sich Sorgen um dein Wohlergehen macht, rate ich dir dringend …

Schreibe hier deine Gedanken auf. Gib deinem Sohn auch die Gründe an, warum du so denkst.
Im Spiel führst du dann ein Gespräch mit deinem Sohn.

M 4

Tiberius Gracchus (162–132 v. Chr.)

Du bist Tiberius Gracchus, einer der wenigen Adligen in Rom, der nicht nur an sich selbst denkt, sondern ganz gezielt für die Armen eintritt. Deine Mutter ist die Tochter des Scipio, des berühmten Siegers über Hannibal. Du kommst also aus einer hoch geachteten Familie. Du bist ein Mann von ca. 30 Jahren, sehr gebildet, besonnen und als besonders warmherzig bekannt.

Im letzten Jahr hat die Volksversammlung dich zum Volkstribun gewählt (133 v. Chr.). Vor allem die vielen Kleinbauern aus der Umgebung Roms stehen auf deiner Seite. Du bist sehr stolz darauf, daß es dir gelungen ist, ein altes Gesetz (das „Ackergesetz") neu durchzusetzen. Darin steht, daß jeder Bauer mindestens ein Stück Land von sieben Hektar vom Staat zur Bewirtschaftung bekommen soll. Ein anderer Volkstribun, der die Reichen unterstützt, hat sofort sein Veto eingelegt. Du bist sicher, daß er von irgendeinem Senator bestochen worden ist. Du hast Julius, den Volkstribun, angefleht, diesen Einspruch zurückzunehmen, leider ohne Erfolg. Deshalb hast du ihn daraufhin von der Volksversammlung absetzen lassen. Du weißt, das ist eigentlich gegen die römische Verfassung, doch für die gute Sache warst du bereit, diesen politisch gewagten Schritt zu gehen. Dein Bruder Gajus hat dich in dieser Meinung unterstützt.

Den armen Bauern geht es nämlich schon seit langer Zeit besonders schlecht. Über viele Jahre hinweg haben sie als Soldaten für Rom in den Krieg ziehen müssen, dadurch Schulden gemacht und ihr Land verloren. Wer hat davon profitiert? Natürlich die reichen Großgrundbesitzer, die immer mehr Grund und Boden in Besitz nehmen. Sie genießen einen unvorstellbaren Luxus und lassen die harte Arbeit auf den Feldern von ihren Sklaven verrichten.

Wie soll das nur weitergehen? Dir ist es wichtig, daß es den Bauern gut geht, auch damit sie ihren Kriegsdienst leisten können, wenn es nötig sein sollte. Wenn nun deine Nachfolger, also der nächste Volkstribun, gegen das neue Gesetz ist, ist alles umsonst gewesen, und den Bauern geht es wieder so schlecht, wie vorher. Das macht dir viel Kopfzerbrechen, denn in diesem Jahr (132 v. Chr.) ist deine einjährige Amtszeit als Volkstribun abgelaufen.

Vor ein paar Wochen bist du aber auf die Idee gekommen, dich einfach noch einmal als Kandidat für das nächste Jahr aufstellen zu lassen. Heute soll die Abstimmung in der Volksversammlung stattfinden. Du bist ganz gespannt, wie es ausgehen wird. Du hoffst darauf, daß die Bauern trotz der Erntezeit nach Rom kommen, um dir ihre Stimme zu geben.

Um möglichst viele Wähler auf deine Seite zu ziehen, hältst du vor Beginn der Wahl eine feurige Rede vor der Volksversammlung.

Du kannst folgendes sagen:

„Bürger von Rom! Ich habe mich entschlossen, ein weiteres Jahr als Volkstribun politisch aktiv zu sein, um das Ackergesetz auch wirklich durchsetzen zu können. Denn jeder römische Bauer soll in Zukunft …

Schon viel zu lange haben die reichen Großgrundbesitzer …

Auch wenn die römische Verfassung eigentlich gegen meine Wiederwahl spricht, solltet ihr doch …

Deshalb denkt am heutigen Wahltag daran, daß …

____

____

____

Aufgabe: Schreibe deine Rede zu Ende. Denke daran, daß der Schlußsatz deiner Ansprache besonders wirksam sein muß.

Im Spiel hast du zwei Auftritte.

1. Deine Mutter Cornelia hat dich zu einem Gespräch in ihre Villa gebeten. Du gehst also zu ihr hin und fragst sie, was sie von dir möchte.
   Du führst dann ein Gespräch mit ihr und sagst ihr, was du für richtig hältst.
2. Du hältst deine Rede vor der Volksversammlung (aber erst kurz vor der Durchführung der Wahl).

M 5

Volkstribun Aemilius

Du bist der Volkstribun Aemilius. Dein Kollege ist Tiberius Gracchus, auch er ist Volkstribun. Er ist besonders beliebt bei den kleinen Leuten in Rom, weil er sich für das Wohl der Armen einsetzt.
Im letzten Jahr hat er in der Volksversammlung ein Gesetz (das „Ackergesetz") abstimmen lassen, in dem steht, daß jeder ehemalige Bauer ein Stück Land von sieben Hektar vom Staat erhalten soll. Die reichen Großgrundbesitzer müssen dafür einen Teil ihrer Latifundien (landwirtschaftlichen Güter) abgeben.
Du findest das Gesetz nicht schlecht, denn dem Großteil der Bauern geht es wirklich nicht gut.
Aber es gibt da ein Problem für dich. Tiberius will sich heute bei der Wahl noch einmal zum Volkstribun wählen lassen. Das ist gegen die römische Verfassung, denn ein Volkstribun darf sein Amt immer nur für ein Jahr ausüben.
Überlege, was dir wichtiger ist. Soll das Ackergesetz seine Gültigkeit behalten, denn nur Tiberius setzt sich voll dafür ein, oder ist dir die Einhaltung der Verfassung wichtiger?
Wenn du mit der Wahl nicht einverstanden bist, kannst du nach Bekanntgabe des Wahlergebnisses dein Veto (deinen Einspruch) einlegen.
Damit wäre die Wahl ungültig.

M 6

Konsul Lucullus

Du bist der Konsul Lucullus. Deine Aufgabe ist es, die Wahl durchführen zu lassen.
Nach der Rede des Tiberius sprichst du zur Volksversammlung:
„Bürger von Rom! Ich bin Konsul Lucullus und eröffne hiermit die Wahl.
Als erstes frage ich den römischen Beamten nach dem Willen der Götter!"
(Der römische Beamte spricht.)
„Nun hören wir das Urteil des römischen Priesters!"
(Der römische Priester spricht.)
Dann sagst du:
„Ich fordere euch nun auf, eure Stimme abzugeben. Nehmt euren Wahlzettel und haltet ihn hoch!"
Dann gehst du herum und sammelst alle Stimmzettel ein.
Du läßt sie in die Wahlurne werfen.
Jetzt öffnest du die Wahlurne und liest die Stimmzettel einzeln vor. Du bittest jemand, die Zahl der Ja- und Neinstimmen an der Tafel mitzuschreiben.
Zuletzt verkündest du das Ergebnis der Wahl.
„Tiberius hat ... Jastimmen und ... Neinstimmen erhalten!
Er ist somit zum Volkstribun für das kommende Jahr gewählt."
oder
„Er ist für das Amt des Volkstribun nicht wiedergewählt worden!"

M 7

Römischer Beamter

Du bist ein hoher römischer Beamter. Vor jeder Wahl in der Volksversammlung befragst du die Götter nach ihrem Willen.
Du liest es davon ab, ob die „Heiligen Hühner" heute eifrig gefressen haben.
Daraus kannst du erkennen, ob die Götter der heutigen Wahl in der Volksversammlung zustimmen oder nicht.
Wenn der Konsul Lucullus dich zum Sprechen auffordert, teilst du ihm mit:
„Die ‚Heiligen Hühner' haben heute morgen eifrig gefressen.
Die Götter haben hiermit entschieden, daß die Wahl in der Volksversammlung am heutigen Tag stattfinden kann!"

M 8

Römischer Priester

Du bist ein römischer Priester. Jede Volksversammlung beginnt damit, daß die Priester den Göttern opfern.
Du hast den Göttern das beste Stück Vieh geopfert und beginnst nun mit der Eingeweidenschau. Die Eingeweide der Opfertiere dürfen keine Fehler zeigen.
Du untersuchst das Opfertier genau und teilst dann dem Konsul Lucullus mit:
„Die Eingeweide des Opfertieres sind ohne jeden Fehler.
Die Wahl in der Volksversammlung kann somit beginnen!"
(Sprich erst, wenn der Konsul dich auffordert.)

M 9

Senator Quintus, römischer Patrizier

Du bist Quintus und gehörst zur Gruppe der Senatoren in Rom. Du bist ein römischer Patrizier, deine Familie ist steinreich. Deine Vorfahren haben immer von den Siegen der Römer über andere Völker profitiert. Sie haben Staatsland als Ackerland gepachtet oder einfach in Besitz genommen. Auch du verfügst über ausgedehnte Latifundien (d. h. Ländereien), die du ausschließlich von Sklaven bewirtschaften läßt. Immer wenn du überschüssiges Geld hast, legst du es günstig an, indem du neues Ackerland dazukaufst. Es gibt genug Kleinbauern, die ihr Hab und Gut verkaufen müssen, weil sie zu viele Schulden gemacht haben.
Gerade diesen Menschen will jetzt dieser Tiberius Gracchus in Rom helfen. Er ist einer der Volkstribunen. Im letzten Sommer hat er ein Gesetz („Ackergesetz") in der Volksversammlung abstimmen lassen, in dem steht, daß jeder der ehemaligen Kleinbauern ein Stück Land von sieben Hektar bekommen soll. Dafür müssen die Großgrundbesitzer, also auch du, einen Teil ihrer Latifundien abgeben, genau gesagt, kein Römer darf mehr als 115 Hektar ehemaliges Staatsland besitzen. Nur wenn man zwei erwachsene Söhne hat, sind noch einmal 115 Hektar erlaubt. Du hast vier Töchter, also wirst du leer ausgehen. Darüber bist du verärgert.
Außerdem bist du der festen Überzeugung, dieser Tiberius wiegelt das Volk gegen den Senat auf. Obwohl er im letzten Jahr einen anderen Volkstribun hat absetzen lassen, was eigentlich gegen die Verfassung ist, steht das Volk, also alle wahlberechtigten Bürger Roms, voll auf seiner Seite.
Der mißachtet einfach die althergebrachte Staatsordnung und will sich vielleicht sogar noch zum Alleinherrscher machen.
Das muß verhindert werden. Zuallererst wirst du darauf achten, daß die römische Verfassung, die alle wichtigen Spielregeln der Politik vorgibt, nicht noch einmal schändlich mißachtet wird. Heute findet die Wahl des neuen Volkstribun in der Volksversammlung statt. Tiberius Gracchus darf auf keinen Fall wiedergewählt werden, denn jeder Volkstribun kann sein Amt nur für ein Jahr ausüben. So ist es bisher immer gewesen.
Du überlegst mit deinen Kollegen im Senat (in deiner Gruppe), was man tun könnte, um Tiberius politisch zu entmachten.
Wäre es nicht angebracht, Aemilius, dem zweiten Volkstribun, einen Hinweis zu geben, genau darauf zu achten, daß die Wahl ordnungsgemäß abläuft. Ihr als Senatoren gehört nicht zur Volksversammlung. Deshalb müßte dieser Aemilius sofort sein Veto (also Einspruch) einlegen, wenn Tiberius die meisten Stimmen erhält.
Damit wäre die Wahl ungültig.
Sorge dafür, daß ihr im Senat zu einer Entscheidung kommt, was zu tun ist.

M 10 Senator Isodorus, römischer Patrizier

Du bist Isodorus und Mitglied des Senats. Als römischer Patrizier besitzt du sehr viel Land, das von Sklaven bearbeitet wird. Öl, Wein und Wolle bringen dir besonders viel Gewinn ein. Deine Vorfahren haben es verstanden, viel Grund und Boden an sich zu bringen, der früher einmal Staatsland war. Deine Familie ist sehr reich geworden.
Dir geht es also gut. Aber seit einem Jahr machst auch du dir Sorgen. Da kommt doch Tiberius Gracchus, ein Senatorensohn, als Volkstribun auf die unmögliche Idee, den Großgrundbesitzern einen Teil des Ackerlandes wegzunehmen. Er hat in der Volksversammlung über ein Gesetz abstimmen lassen, in dem festgelegt ist, daß kein Römer mehr als 115 ha Staatsland besitzen darf. Nur wenn man zwei erwachsene Söhne hat, sind noch einmal 115 ha erlaubt. Wer mehr Staatsland besitzt, muß es abtreten. Dein einziger Sohn Marcus wird also leer ausgehen. Und nun kommt die allergrößte Unverschämtheit! Dein übriges Feld soll an die besitzlosen Bürger verteilt werden. Du bist total verärgert. Auch im Senat herrscht große Empörung. Viele Senatoren stemmen sich wie du gegen die ganze Reform des Tiberius Gracchus. Die meisten wollen am Alten festhalten und sehen durch die Neuerungen die Ordnung des Staates gefährdet. Wahrscheinlich will dieser Tiberius mit allen Mitteln die Mehrheit des Volkes auf seine Seite ziehen. Vielleicht will er sich sogar die Königskrone aufsetzen? Das wäre eindeutig gegen die römische Verfassung und ein Todesstoß für die Republik! Schon einmal hat dieser Kerl gegen die Verfassung gehandelt, als er im letzten Jahr den zweiten Volkstribun einfach absetzen ließ, nur weil dieser sein Veto (Einspruch) gegen die neuen Gesetze eingelegt hat.
Leider hast du als Senator in der Volksversammlung kein Stimmrecht. Aber du hast die Aufgabe, darüber zu wachen, daß alles seinen rechtmäßigen Gang geht. Tiberius ist für dich ein Rechtsbrecher. Du schlägst vor, daß man ihn wegen Verfassungsbruches zum Tode verurteilt.
Versuche deine Senatskollegen (in der Gruppe) zu überzeugen, daß es dafür höchste Zeit ist, damit nicht noch mehr Unruhe im Volk gestiftet wird.

M 11 Senator Lucius, reicher Großgrundbesitzer

Du bist Lucius, ein reicher Großgrundbesitzer und gehörst dem Senat in Rom an. Deine landwirtschaftlichen Güter (Latifundien) läßt du von Sklaven bearbeiten, die Öl, Wein und verschiedene Obstsorten anbauen. Diese Produkte lassen sich in Rom sehr gut verkaufen. Du besitzt eine luxuriöse Villa in Rom und lebst mit deiner Familie in einem unbeschreiblichen Wohlstand. Deine Söhne werden von griechischen Hauslehrern unterrichtet, die auch als Sklaven nach Rom gekommen sind. Dein Reichtum ist so groß, daß du dir viele Klienten leisten kannst, die von deinen Spenden leben. Das sind meist arbeitslose Städter, die zwar verarmt, aber trotzdem noch freie Bürger Roms sind. Für dich als Patron (Schutzherr) sind sie sehr wichtig, weil sie bei der Volksversammlung für deine Interessen stimmen sollen. Dir geht es sehr gut. Aber seit einem Jahr machst du dir Sorgen um die Politik in Rom. Da hat Tiberius als Volkstribun ein Gesetz („Ackergesetz“) abstimmen lassen, in dem steht, daß kein Römer mehr als 115 ha Staatsland besitzen darf. Nur wenn man zwei erwachsene Söhne hat, sind noch einmal 115 ha erlaubt. Den Göttern sei Dank, daß das wenigstens für dich zutrifft. Und nun kommt die allergrößte Unverschämtheit: Dein übriges Feld soll an die besitzlosen Bürger Roms verteilt werden, so daß jeder einzelne Kleinbauer über sieben Hektar Land verfügen wird. Dieses hergelaufene Volk soll sich an deinem Hab und Gut bereichern können! Das Gesetz muß rückgängig gemacht werden. Dabei ist die heutige Volksversammlung besonders wichtig, da der neue Volkstribun gewählt wird. Tiberius hat sich noch einmal als Kandidat aufstellen lassen, obwohl das nach der Verfassung gar nicht erlaubt ist. Leider haben die Senatoren in der Volksversammlung kein Stimmrecht. Deshalb wirst du zu einem Trick greifen. Du schlägst in der Sitzung des Senats vor, den zweiten Volkstribun, nämlich Aemilius, mit Geld zu bestechen, damit dieser heute sein Veto (also Einspruch) einlegt und somit die Wahl ungültig ist. Damit hoffst du zu erreichen, daß Tiberius nicht wieder Volkstribun wird.
Versuche, in der Gruppe von Senatoren deine Idee durchzusetzen. Wenn deine Kollegen deinem Vorschlag zustimmen, schreibt ihr Aemilius einen Zettel, mit eurem „Wunsch“.

M 12 Senator Caecilius, reicher Großgrundbesitzer

Du bist Caecilius, ein reicher Großgrundbesitzer in Rom und kommst aus einer adligen Familie, die seit langem dem Senatorenstand angehört. Du hast als Offizier beim letzten Kriegsfeldzug große Schätze erbeuten können und läßt deine Latifundien (landwirtschaftlichen Güter) ausschließlich von Sklaven bearbeiten. Du genießt deinen Wohlstand in einer luxuriösen Villa in Rom. Als „pater familias", d. h. Familienoberhaupt, bestimmst du über alle Familienmitglieder, zu denen auch die Sklavinnen und Sklaven gehören. Selbst ehemalige freie Bauern stehen als Klienten in deinen Diensten. Bei einer Abstimmung in der Volksversammlung stimmen sie nach deinem Vorschlag, denn sie haben das Wahlrecht. Dafür sorgst du für ihren Unterhalt mit Getreidespenden.
Es herrscht große Aufregung unter den Senatoren in Rom. Der Volkstribun Tiberius Gracchus hat die Absicht, den Großgrundbesitzern einen Teil des Ackerlandes wegzunehmen, um es den armen Kleinbauern und Tagelöhnern zu übergeben, damit die wieder ihr eigenes Land bewirtschaften können. Es gibt ein neues Gesetz („Ackergesetz"), das im letzten Jahr in der Volksversammlung erfolgreich abgestimmt wurde. Du findest die Idee gar nicht schlecht, denn die Not der Proletarier in Rom ist wirklich groß.
Aber eine Sache stört dich gewaltig. Tiberius Gracchus hat im letzten Sommer die römische Verfassung, die dir so gut wie heilig ist, verletzt. Er hat nämlich seinen Kollegen, den anderen Volkstribun, absetzen lassen, nur weil dieser sein Veto (seinen Einspruch) gegen das neue Gesetz eingelegt hat. Das war verfassungswidrig: ein Volkstribun ist unantastbar („sakrosankt") und hat immer das Recht, ein Veto einzulegen.
Und was passiert in diesem Jahr? Da will doch Tiberius schon wieder einen Verfassungsbruch begehen. Er hat sich zum zweiten Mal als Kandidat zum Volkstribun aufstellen lassen. Auch das ist unmöglich. Ein Volkstribun darf sein Amt immer nur für ein Jahr ausüben, so schreibt es die römische Verfassung vor. Du bist der Meinung, daß der Senat mit allen Mitteln verhindern muß, daß Tiberius wieder Volkstribun wird. Du berätst mit deinen Kollegen (in der Gruppe), was man tun könnte, um diesen Tiberius zu entmachten.
Ihr müßt zu einer eindeutigen Entscheidung kommen, denn heute tritt die Volksversammlung zur Abstimmung zusammen.

M 13 Paulus, Tagelöhner

Du bist Paulus, ein ehemaliger Kleinbauer. Zur Zeit hast du dich als Tagelöhner auf dem großen Gut des reichen Caecilius verdingt, um in der Erntezeit ein wenig Geld zu verdienen. Es ist für dich sehr bitter, dort arbeiten zu müssen, denn früher bist du dein eigener Herr gewesen. Du hattest zwar nur einen kleinen Hof, doch nach der Rückkehr aus dem letzten Eroberungskrieg waren deine Felder so heruntergekommen, daß du sie nur noch verkaufen konntest. Der reiche Caecilius hat dir dein Hab und Gut spottbillig abgeluchst. Vielen deiner Kameraden aus dem Krieg erging es ebenso. Dabei besteht immer die Gefahr, daß du als ehemaliger freier Bauer erneut zum Kriegsdienst einberufen wirst.
Dein reicher Herr besitzt außerdem Hunderte von Sklaven, die umsonst auf den Ölplantagen arbeiten. Der muß nur einmal schlechte Laune haben und schon kann er dich entlassen. Du bist ganz mutlos. Sollst du es wie dein Nachbar Titus machen, der nach Rom gezogen ist, um dort ein bequemeres Auskommen zu finden?
Deine Hoffnung beruht auf Tiberius Gracchus, einer der derzeitigen Volkstribunen in Rom. Er setzt sich bedingungslos für die armen Leute ein. Er hat es im letzten Jahr geschafft, über ein Gesetz („Ackergesetz") abstimmen zu lassen, nach dem alle Bauern mindestens sieben Hektar Land bekommen sollen. Auch du hast in der Volksversammlung dafür gestimmt und freust dich nun darauf, bald wieder eigenes Land zu besitzen.
Hoffentlich kommen genügend Bauern zur diesjährigen Wahl: Es ist nämlich Erntezeit. Tiberius will sich noch einmal wählen lassen. Das war noch nie da, ist auch gegen die römische Verfassung, aber wer soll sonst für die besitzlosen Bauern eintreten? Die Großgrundbesitzer sicherlich nicht. Die sind ja schon sauer, daß sie einen Teil ihrer Latifundien (landwirtschaftlichen Güter) abgeben sollen.
Du bist der Meinung, daß Tiberius als Volkstribun wiedergewählt werden soll. Du nennst in deiner Gruppe alle Argumente, die für eine Wiederwahl sprechen. Bei der Wahl gibst du deine Stimme ab.

M 14 Lucas, verarmter Kleinbauer

Du bist Lucas, ein verarmter Kleinbauer. Du lebst auf dem Land, in der Nähe von Rom. Als junger Mann mußtest du in den Krieg ziehen wie alle freien römischen Bürger. Doch was fandest du vor, als du nach über zehn Jahren nach Hause zurückkehrtest? Dein Hof war heruntergewirtschaftet, dein greiser Vater und die jüngeren Brüder hatten Schulden aufnehmen müssen, um notdürftig zu überleben.
Von dem Beuteanteil, den du beim letzten Sieg erhalten hast, wirst du nun versuchen, deine Landwirtschaft wieder in Ordnung zu bringen. Es wird sehr schwer werden, denn auch die Schulden müssen beim benachbarten Großgrundbesitzer Quintus abbezahlt werden. Dem Kerl geht es gut! Der konnte mit seinem Geld immer mehr Land dazukaufen. Du bist ganz neidisch auf ihn. Mit dem viel größeren Beuteanteil, den er als Militärbefehlshaber zugesprochen bekam, konnte er sogar Sklaven kaufen, die nun seine Felder umsonst bewirtschaften. Vielleicht lauert er darauf, auch deinen kleinen Hof für einen Schleuderpreis zu erwerben, wenn du es nicht schaffst, über die Runden zu kommen.
Zum Glück gibt es Tiberius Gracchus, einer der derzeitigen Volkstribunen in Rom. Der setzt sich nämlich bedingungslos für die armen Kleinbauern ein und hat sich in diesem Jahr für die Wahl wieder als Kandidat aufstellen lassen. Er hat es sogar geschafft, in einem Gesetz („Ackergesetz") abstimmen zu lassen, daß alle Bauern über mindestens sieben Hektar Land verfügen sollen. Erst im letzten Jahr hast du bei der Volksversammlung in Rom selbst dafür gestimmt. Nun bist du wieder in die Hauptstadt gezogen, um zu wählen. Doch ein Besuch in Rom ist eine willkommene Abwechslung vom harten Alltag. Sollst du deine Stimme wieder Tiberius geben? Du weißt zwar, daß es nicht der römischen Verfassung entspricht, einen Volkstribun zweimal zu wählen, doch kann man nicht einmal eine Ausnahme machen?
Du besprichst das Problem ausführlich mit den anderen Bauern (deiner Gruppe) und entscheidest dich dann endgültig, ob Tiberius deine Stimme bekommen soll. Heute ist nämlich Wahltag.

M 15 Marius, Pächter

Du bist Marius, ein ehemaliger Kleinbauer. Als du aus dem letzten Krieg nach Hause kamst, waren deine Felder völlig verwahrlost. Deine Frau war in einer schweren Krankheit gestorben und zwei deiner Brüder in Afrika gefallen. Da war guter Rat teuer. Es gab für dich nur zwei Möglichkeiten: entweder in die Großstadt nach Rom zu gehen, um dort Arbeit zu suchen oder auf dem Land zu bleiben und als Pächter (Kolone) bei einem der reichen Großgrundbesitzer zu arbeiten. Du hast dich für das letztere entschieden.
Du bist jetzt Kolone bei dem reichen Lucius und wirtschaftest auf seinen riesigen Gütern, den Latifundien, wie man sie nennt. Du hast ein Stück Land für immer zugeteilt bekommen und mußt den größten Teil deiner Ernte als Pachtzins zahlen.
Wenn du diese Leistungen zum Beispiel bei Mißernten nicht erbringen kannst, mußt du einen Pachtvertrag abschließen, der deine Kinder und Enkel auf Lebenszeit an den Grundherrn bindet.
Davor hast du die meiste Angst. Obendrein hast du noch Steuern an den Staat abzuführen. Es geht dir also nicht gut.
Einer der derzeitigen Volkstribunen in Rom ist Tiberius Gracchus. Dieser Mann ist ein Glück für alle Kleinbauern. Der setzt sich nämlich bedingungslos für die armen Leute ein. Er hat es sogar geschafft, in einem Gesetz („Ackergesetz") abstimmen zu lassen, daß alle Bauern über mindestens sieben Hektar Land verfügen sollen. Du hoffst sehr, daß auch du im kommenden Jahr wieder eigenes Land besitzt.
Die Verteilung der Felder dauert sehr lange, denn die Großgrundbesitzer, die einen Teil abgeben sollen, kämpfen natürlich gegen das neue Gesetz.
Trotz deiner Armut besitzt du das römische Bürgerrecht und darfst deshalb wählen. Heute ist wieder Wahltag. Tiberius hat sich erneut als Kandidat zum Volkstribun aufstellen lassen, obwohl das gegen die römische Verfassung ist. Jeder Volkstribun darf nämlich nur für ein Jahr sein Amt ausüben.
Sollst du Tiberius noch einmal deine Stimme geben? Es wäre ein klarer Verfassungsbruch! Doch du bist der Meinung, daß man hier eine Ausnahme machen kann, denn Tiberius hat bewiesen, daß er sich für die Not der kleinen Leute einsetzt.
Du besprichst das Problem noch einmal ausführlich mit den anderen Bauern (deiner Gruppe) und entscheidest dich dann endgültig, ob Tiberius deine Stimme erhält.

M 16 Claudius, Sklavenaufseher

Du bist Claudius, ein ehemaliger Kleinbauer. Als du aus dem letzten Krieg nach Hause kamst, bot sich dir eine böse Überraschung. Nach den vielen Kriegsjahren waren deine Felder völlig verwahrlost und viele Bauernhöfe in der Nachbarschaft schon verlassen. Was solltest du machen?
Es gab eigentlich nur zwei Möglichkeiten, entweder in die Großstadt nach Rom zu gehen, um dort Arbeit zu suchen oder hier auf dem Land zu bleiben und eine bezahlte Tätigkeit zu finden.
Neulich hat der reiche Großgrundbesitzer Isodorus bei dir anfragen lassen, ob du vielleicht als Aufseher auf seinen Gütern, den Latifundien, wie man sie nennt, arbeiten willst. Isodorus hat Hunderte von Sklaven von den Gewinnen der letzten Eroberungszüge gekauft und lebt in seiner großartigen Villa in Saus und Braus. Er will seinen Grundbesitz modernisieren und ausschließlich von Sklaven bewirtschaften lassen.
Deine Aufgabe wäre es, die Sklaven auf den großen Obstplantagen (Zitronen, Pfirsiche, Aprikosen) zu beaufsichtigen. Diese armen Menschen werden wie Tiere gehalten, nachts angekettet, damit sie nicht fliehen und tagsüber unter der Peitsche widerwillig zur Arbeit angetrieben.
Das wird kein Zuckerschlecken für dich sein, doch auch du mußt von irgendwas leben. Deshalb hast du die Arbeit angenommen. Denn deine eigentliche Hoffnung beruht auf Tiberius Gracchus, dem derzeitigen Volkstribun in Rom. Der setzt sich nämlich bedingungslos für die armen Leute ein. Er hat es sogar geschafft, in einem Gesetz („Ackergesetz") abstimmen zu lassen, daß alle Bauern über mindestens sieben Hektar Land verfügen sollen. Man will den wohlhabenden Großgrundbesitzern dafür einen Teil wegnehmen.
Im letzten Sommer, als über dieses Gesetz in der Volksversammlung abgestimmt wurde, haben doch die reichen Senatoren einen befreundeten Volkstribun dazu überredet, sein Veto (also seinen Einspruch) einzulegen. Das Gesetz wäre glatt gescheitert, wenn Tiberius ihn nicht einfach von der Volksversammlung hätte absetzen lassen. Das war zwar gegen die römische Verfassung, doch wie sollen die armen Leute sonst zu ihrem Recht kommen. Die Reichen arbeiten ja auch mit Tricks und bestechen sogar die Volkstribunen. Du besitzt das römische Bürgerrecht und darfst deshalb wählen. Heute ist wieder Wahltag in Rom. Tiberius hat sich erneut als Kandidat zum Volkstribun aufstellen lassen. Sollst du deine Stimme noch einmal Tiberius geben? Du weißt, daß es nicht der römischen Verfassung entspricht, einen Volkstribun wiederzuwählen. Seine Amtszeit ist nämlich auf ein Jahr begrenzt. Doch für dich ist die Sache ganz klar, Tiberius bekommt deine Stimme. Verfassung hin, Verfassung her! Es wird Zeit, daß endlich soziale Gerechtigkeit eintritt. Du versuchst, die anderen Bauern (deiner Gruppe) davon zu überzeugen, daß auch sie Tiberius wählen.

M 17 Metella, Frau eines Schmieds

Du bist Metella und lebst in Rom. Dein Mann ist Handwerker. Ihr besitzt eine kleine Schmiede und wohnt in einem römischen Mietshaus mit vier Stockwerken. Im Erdgeschoß befindet sich eure Werkstatt, darüber sind die Zimmer, eng und düster. Im allgemeinen geht es euch gut, ihr kommt einigermaßen über die Runden. Ihr lebt hauptsächlich von Brot und gekochtem Weizen; Fleisch, Fisch oder Gemüse könnt ihr euch nur selten leisten. Leider sind die Getreidepreise auch ständig am Steigen.
Du hast Angst, daß die Sklaven und Freigelassenen in der Stadt euch Konkurrenz machen könnten. Es gibt jetzt so viele, die auch das Schmiedehandwerk ausüben und ihre Waren besonders billig verkaufen. Wie soll das weitergehen, wenn dein Mann plötzlich zum Kriegsdienst einberufen wird?
Zum Glück hat der Volkstribun Tiberius Gracchus jetzt das Sagen in Rom. Obwohl er ein reicher Adliger ist, setzt er sich für die Interessen der armen Leute ein. Er hat sogar ein neues Gesetz in Aussicht gestellt, das die Militärzeit verkürzen soll.
Heute geht es um die Wahl des neuen Volkstribunen. Dein Mann ist ein freier, römischer Bürger und hat damit das Recht zum Wählen. Du als Frau bist davon ausgenommen. Doch du hast deinem Mann geraten, seine Stimme auf jeden Fall Tiberius zu geben. Denn wenn ein Volkstribun sich für mehr Gerechtigkeit einsetzt, kann das doch für euch nur von Vorteil sein. Du besprichst das mit den anderen Frauen (deiner Gruppe) und fragst sie, ob sie auch so entscheiden würden. Bei der Wahl überbringst du den Stimmzettel deines Mannes.

M 18 Julia, Frau eines Tischlers

Du bist Julia und lebst in Rom. Dein Mann ist Handwerker. Ihr besitzt eine kleine Tischlerei und wohnt in einem römischen Mietshaus mit vier Stockwerken. Im Erdgeschoß befindet sich eure kleine Werkstatt, darüber sind die Zimmer, eng und düster. Im allgemeinen geht es euch gut, ihr kommt einigermaßen über die Runden. Ihr lebt hauptsächlich von Brot und gekochtem Weizen; Fleisch, Fisch oder Gemüse könnt ihr euch nur selten leisten. Leider sind die Getreidepreise auch ständig am Steigen. Du hast Angst, daß die Sklaven und Freigelassenen in der Stadt euch Konkurrenz machen könnten. Es gibt jetzt so viele, die auch das Tischlerhandwerk ausüben und ihre Waren besonders billig verkaufen. Wie soll das erst werden, wenn dein Mann plötzlich zum Kriegsdienst einberufen wird.
Zum Glück hat der Volkstribun Tiberius Gracchus jetzt das Sagen in Rom. Obwohl er ein reicher Adliger ist, setzt er sich für die Interessen der armen Leute ein. Er hat sogar ein neues Gesetz in Aussicht gestellt, das die Militärzeit verkürzen soll. Heute geht es um die Wahl des neuen Volkstribunen. Dein Mann ist ein freier, römischer Bürger und hat damit das Recht zum Wählen. Du als Frau bist davon ausgenommen. Doch wenn du wählen dürftest, würdest du auf jeden Fall Tiberius deine Stimme geben. Leider hat die Sache einen kleinen Haken. Ein Volkstribun darf sein Amt nur für ein Jahr ausüben. Tiberius hat sich aber erneut als Kandidat aufstellen lassen. Dein Mann sagt, das sei gegen die römische Verfassung. Er weiß noch nicht, ob er Tiberius unterstützen kann.
Du besprichst das Problem mit den anderen Frauen (deiner Gruppe) und überlegst für dich, welchen Wahltip du deinem Mann geben wirst.
Bei der Wahl überbringst du den Stimmzettel deines Mannes.

M 19 Turia, Frau eines Proletariers

Du bist Turia, die Frau eines arbeitslosen, aber freien römischen Bürgers. Dein Mann heißt Titus. Ihr seid vor ca. zwei Jahren vom Land in die Stadt gezogen, in der Hoffnung, hier eine Arbeit zu finden. Leider hat sich diese bisher nicht erfüllt. Eure wenigen Ersparnisse habt ihr schnell aufgebraucht, denn das Leben in der Großstadt ist sehr teuer. Ihr müßt in einer hohen Mietskaserne wohnen. Obwohl das Haus beinahe am Einstürzen ist, sind die Mieten sehr hoch.
Ihr seid also arme Leute, ohne jeden Besitz. Euer einziger „Reichtum" sind eure sechs Kinder, also eure Nachkommen (proles = Nachwuchs). Vielen tausend Landflüchtigen ergeht es in Rom genauso wie euch. Man nennt euch auch Proletarier.
Doch dein Mann hatte noch Glück. Er hat einen reichen Schutzherrn (Patron) gefunden. Jeden Morgen findet ihr euch in seiner prächtigen Villa ein und erhaltet ein Körbchen mit Essen, meist Getreide oder auch Geld. Dafür steht ihr in seinen Diensten. Dein Mann macht Botengänge für den Patron und begleitet ihn in seinem Gefolge, zum Beispiel zum Circus Maximus. Sooft du Zeit hast, gehst du auch mit dorthin, denn Wagenrennen findest du immer sehr aufregend.
Immer wenn eine wichtige Wahl in der Volksversammlung ansteht, bekommt dein Mann als Klient besonders viele Wahlgeschenke. Damit will der Patron für die Stimme deines Mannes werben. Heute findet die Wahl für den neuen Volkstribun statt.
Eigentlich müßte dein Mann für Tiberius Gracchus stimmen, denn der setzt sich wirklich für die armen Leute ein. Nach einem neuen Gesetz („Ackergesetz") sollen alle Proletarier, also auch ihr, wieder ein eigenes Stück Land bekommen. Die Reichen sind natürlich wütend auf Tiberius, auch euer Patron, da sie einen Teil ihres Besitzes abgeben sollen. Sie wollen Tiberius deshalb heute politisch entmachten. Leider hast du als Frau kein Stimmrecht. Trotz allem hast du deinen Mann angefleht, im Interesse des Patrons zu stimmen, also gegen Tiberius. Der Patron sorgt für euch, also müßt ihr ihm gegenüber auch dankbar sein. Wer soll euch sonst helfen, dieses schwere Leben durchzustehen. Wenn ihr nicht für ihn seid, besteht die Gefahr, daß er euch als Klienten fallen läßt. Oder ist das etwa falsch gedacht?
Du besprichst das Problem mit den anderen Frauen (deiner Gruppe), fragst sie nach ihrer Meinung und sagst ihnen dann, welchen Wahltip du deinem Mann geben wirst.
Bei der Wahl übergibst du den Stimmzettel deines Mannes.

M 20

Antonia, Frau eines Proletariers

Du bist Antonia, die Frau eines arbeitslosen, aber freien römischen Bürgers. Ihr seid vor ca. zwei Jahren vom Land in die Stadt gezogen, in der Hoffnung, hier eine Arbeit zu finden. Leider hat sich diese bisher nicht erfüllt. Eure wenigen Ersparnisse habt ihr schnell aufgebraucht, denn das Leben in der Großstadt ist sehr teuer. Ihr müßt in einer hohen Mietskaserne wohnen. Obwohl manche Häuser so schlecht gebaut sind, daß sie nach ein paar Jahren oft zusammenfallen, sind die Mieten unverschämt hoch.

Ihr seid also arme Leute, ohne jeden Besitz. Euer einziger „Reichtum" sind eure sieben Kinder, also eure Nachkommen (proles = Nachwuchs). Vielen tausend Landflüchtigen ergeht es in Rom genauso wie euch, man nennt euch auch Proletarier.

Doch dein Mann hatte noch Glück im Unglück. Er hat einen reichen Schutzherrn (Patron) gefunden. Jeden Morgen findet ihr euch in seiner prächtigen Villa ein und erhaltet ein Körbchen mit Essen, meist Getreide oder auch Geld.

Dafür steht ihr in seinen Diensten. Dein Mann besorgt Botengänge für den Patron und begleitet ihn in seinem Gefolge, wenn er ausgeht, zum Beispiel zum Forum Romanum.

Vor allem aber muß dein Mann bei Wahlen für den Patron stimmen. Er ist somit zum Klienten seines Schutzherrn geworden. Dafür hilft ihm der Patron, wenn ihr in Schwierigkeiten seid. Als Klient muß dein Mann auch regelmäßig zu den öffentlichen Theaterspielen und Sportwettkämpfen gehen. Der Patron hat viele Klienten, er ist ein mächtiger Mann in Rom.

Was dir als Ehefrau deines Mannes nicht gefällt, sind die vielen Wahlgeschenke, die dein Mann als Klient bekommt. Das ist doch die reinste Bestechung! Leider hast du als Frau kein Wahlrecht.

Doch wenn es nach dir ginge, würdest du einfach Tiberius Gracchus, den alten Volkstribun, wiederwählen. Denn der setzt sich wirklich für die armen Leute ein. Nach einem neuen Gesetz („Ackergesetz") sollen alle Proletarier, also auch ihr, wieder ein eigenes Stück Land bekommen. Euer Patron ist natürlich empört, denn wie alle Reichen soll er etwas von seinem Besitz abgeben. Er ist der Meinung, Tiberius Gracchus muß heute entmachtet werden. Und dein Mann soll nun gegen Tiberius stimmen. Das findest du schrecklich ungerecht.

Du besprichst das Problem mit den anderen Frauen (deiner Gruppe), fragst sie nach ihrer Meinung und entscheidest dich dann, welchen Wahltip du deinem Mann geben wirst.

Bei der Wahl überbringst du den Stimmzettel deines Mannes.

M 21

Stimmkarten

JA

NEIN

M 1

Kaiserkrönung Karls des Großen

„Karls letzte Reise nach Rom wurde auch dadurch veranlaßt, daß Papst Leo durch die vielen Mißhandlungen, die er von seiten der Römer erlitten hatte, in dem sie ihm nämlich die Augen ausrissen und die Zunge abschnitten, sich genötigt sah, den König um Schutz anzuflehen. Er kam also nach Rom und brauchte daselbst den ganzen Winter, um die Kirche aus der überaus großen Zerrüttung, in die sie verfallen war, zu reißen. Damals war es, daß er die Benennung Kaiser und Augustus empfing; das war ihm zuerst so zuwider, daß er versicherte, er würde an jenem Tage, obgleich es ein hohes Fest war, die Kirche nicht betreten haben, wenn er des Papstes Absicht hätte vorherwissen können. Den Haß der römischen Kaiser [in Konstantinopel], die ihm die Annahme des Kaisertitels sehr verübelten, trug er mit großer Gelassenheit, und mit der Hochsinnigkeit, in der er ohne alle Frage weit über ihnen stand, wußte er ihren Trotz zu besiegen, indem er häufig durch Gesandtschaften mit ihnen verkehrte und sie in seinen Briefen als Brüder anredete."

Aus: Einhard, Leben Karls des Großen. Zitiert nach: Quellen zur karolingischen Reichsgeschichte, 1. Teil, Wissenschaftliche Buchgesellschaft, 1987, S.199 ff.

M 2

Aus den Reichsannalen

800. Anfang August brach Karl mit einem Heereszug von Mainz nach Italien auf. Als er aber nach Rom kam, zog ihm der Papst entgegen und empfing ihn mit höchster Demut und größten Ehren.

Als der König gerade am heiligen Weihnachtstag sich vom Gebet vor dem Grab des seligen Apostels Petrus zur Messe erhob, setzte ihm Papst Leo eine Krone aufs Haupt, und [der Erzkanzler]* rief dazu: „Karl, dem Erhabenen, von Gott gekrönten großen und den Frieden schützenden Kaiser der Römer, sei langes Leben und Sieg beschieden! Und nach den lobenden Zurufen wurde er vom Papst nach der Sitte der alten Kaiser durch Kniefall geehrt und fortan, unter Weglassung des Titels Patricius, Kaiser und Augustus genannt."

* verändert! Originaltext: „und das ganze Römervolk"

Aus: Reichsannalen. Zitiert nach: Quellen zur karolingischen Reichsgeschichte, 1. Teil, Wissenschaftliche Buchgesellschaft, 1987, S. 73 f. (gekürzte Fassung)

M 3

Rollentexte der Leserinnen, des Erzkanzlers und des Papstes

1. Leserin

Anfang August brach Karl mit einem Heereszug von Mainz nach Italien auf. Als er aber nach Rom kam, zog ihm der Papst entgegen und empfing ihn mit höchster Demut und größten Ehren.

2. Leserin

Als der König gerade am heiligen Weihnachtstag sich vom Gebet vor dem Grab des seligen Apostels Petrus zur Messe erhob, setzte ihm Papst Leo eine Krone aufs Haupt, und der Erzkanzler liest dazu aus seiner Schriftrolle:

Der Erzkanzler

Karl, dem Erhabenen, von Gott gekrönten großen und den Frieden schützenden Kaiser der Römer, sei langes Leben und Sieg beschieden!

3. Leserin

Und nach den lobenden Zurufen wurde er vom Papst nach der Sitte der alten Kaiser durch Kniefall geehrt und fortan, unter Weglassung des Titels Patricius, Kaiser und Augustus genannt.

Text des Papstes

„Dir Karl, Kaiser von Gottes Gnaden, König der Langobarden, sei Heil beschert!“

M 1

Lehrererzählung

Heute ist der 13. Juli im Jahre 1260.

„Steh auf!" Die Bäuerin Adelheid rüttelt den achtjährigen Konrad. „Komm, steh auf!" Der Junge blinzelt schläfrig und murmelt: „Es ist doch noch stockfinster, Mutter," dann dreht er sich zur Seite um und ist schon wieder eingeschlafen. Seine Mutter rüttelt ihn von neuem. „Steh auf, Junge! Willst doch mit zur Stadt!" Konrad fährt von seinem Lager auf. „In die Stadt?" Fast hätte er es vergessen. Die Mutter will Milch, Eier, Butter, Käse und den Eimer Honig zum Markt bringen, und er darf heute das erste Mal mitfahren. Noch vor Tagesanbruch rumpelt der bäuerliche Ackerkarren aus dem Dorf. Dann geht es auf der Landstraße stadteinwärts. Der Weg ist vom letzten Regen aufgeweicht, ausgefahren, voller Steine und Pfützen. Zum Glück leuchtet der Mond, und die beiden können die schlimmsten Löcher umfahren, sonst wären die Eier im Korb längst zu Bruch gegangen. Der kleine Konrad müht sich sichtlich ab, den Karren ganz alleine zu schieben.

Sie treffen viele Bauern, die ebenfalls zur Stadt wollen. Meistens sind sie mit Karren unterwegs, doch manche tragen auch nur Kiepen auf dem Rücken.

Es wird hell. Die Bauern nähern sich der Stadt. Sie durchfahren ein Stück Wald, kommen an einem Wachturm und am Galgenberg vorbei. Dann liegt die Stadt mit ihrer Mauer, den Türmen und Toren vor ihnen. Zwischen Wiesen und Gärten rollen die Karren zum Stadttor. Das Fallgitter ist heute hochgezogen. Ein hitziges Gedränge kann man da beobachten. Jeder will der erste sein, um in die Stadt eingelassen zu werden. Es hat sich eine lange Reihe mit Bauernkarren gebildet, viele sind mit Kornsäcken beladen.

Konrad reiht sich mit seiner Mutter in die Schlange ein, sie müssen warten, bis sie vorgelassen werden. Endlich sind sie dran. Doch der Torwächter blickt abweisend auf sie herab, er ist dabei, das Tor zu schließen. „Schluß für heute," knurrt er, „es sind genug Bauern in der Stadt! Die Stände auf dem Markt sind alle vergeben. Für heute hat's keinen Zweck mehr, daß ihr wartet. Oder seid ihr in der Lage, zwei Silberlinge Zoll zu zahlen?" Die Bäuerin schüttelt den Kopf. „Dann macht, daß ihr nach Hause kommt!" Zuletzt ist seine barsche Stimme ganz laut und herrisch geworden, man konnte direkt Angst bekommen. Der kleine Konrad versteckt sich zitternd hinter seiner Mutter und lukt nur noch vorsichtig hinter ihrem Rockzipfel hervor. „Das ist mir ja in meinem ganzen Leben noch nicht passiert, daß ich nicht zum Markt eingelassen werde! Wie gibt es denn so was! Seit drei Stunden ist man auf den Beinen! Der hat ja keine Ahnung, wie teuflisch schwer so ein voll bepackter Karren ist, und nun will er uns einfach abweisen. Wenn das der Marktrichter wüßte, der würde mir bestimmt Recht geben."

Glaubt ihr auch, daß der Marktrichter in diesem Streitfall für die Bäuerin Adelheid entschieden hätte?

Inzwischen hatte sich die Bäuerin Adelheid etwas beruhigt. Wie konnte sie nur ihre Waren loswerden und dabei wie immer gutes Geld verdienen? Von dem Erlös mußte sie eine Axt beim Schmiedemeister Henning kaufen, das hatte ihr ihr Mann aufgetragen. Doch wie sollte sie heute überhaupt zu Geld kommen? Bevor sie eine oder zwei Stunden auf die Entscheidung des Marktrichters wartete, müßte sie erst einmal versuchen, ihre Lebensmittel zu verkaufen.

Da kam ihr auch schon die rettende Idee. Es war ja ganz einfach, ein paar Meter vom Stadttor entfernt würde sie sich an die Stadtmauer stellen, ihren Karren als Stand aufbauen und dort Milch, Eier, Butter, Käse und den guten Honig feil halten. Die Leute würden vor das Stadttor kommen und wie immer bei ihr einkaufen. Ihr Honig war besonders lecker, das wußte jeder in der Stadt. Da brauchte sie keine Angst zu haben, daß sie auf ihren Waren sitzen blieb. Beim Marktrichter würde sie sich dann später beklagen, das hatte ja noch Zeit.

Gesagt, getan. Bald war es Mittag. Die Sonne schien erbärmlich heiß auf die Stadt herab.

Da trat plötzlich der Marktbüttel vor das Stadttor. Der blickte ja ganz finster zur Bäuerin herüber. Was der wohl von ihr wollte?

M 2

Markttag in der Stadt

Bei Sonnenaufgang ertönt die Glocke vom Rathausturm, eine Fahne wird aufgezogen. Sie zeigt an, daß heute Markttag ist. Der Torwächter läßt die Zugbrükke herunter und öffnet die Stadttore. Die Bauern aus der Umgebung dürfen ohne Kontrolle in die Stadt. In Tragekörben oder auf Karren befördern sie Milch, Eier, Butter, Käse, Getreide, Obst und Gemüse. Manch einer treibt sein Vieh zum Verkauf in die Stadt. Die fremden Händler und Kaufleute aber müssen ihre Waren beim Zöllner zeigen und den verlangten Zoll bezahlen.

Auf dem Marktplatz herrscht ein reges Treiben. Die *Handwerker* der Stadt haben ihre Stände eingerichtet und preisen ihre Waren an. In der Mitte des Marktes wird Vieh verkauft: Schweine, Rinder, Geflügel. In einer Seitengasse ist *Fischmarkt*. Das weiträumige *städtische Kaufhaus*, in das die Fernhandelskaufleute ihre kostbare Fracht eingelagert haben, öffnet seine Tore. Die reichen Kaufleute der Stadt versorgen sich dort mit kostbaren Tuchen, Schmuck oder Gläsern aus Venedig.

Am Marktplatz sitzen die *Geldwechsler* an ihren Bänken vor dem Rathaus. Sie prüfen die verschiedenen Geldsorten, wiegen nach und wechseln in die gewünschten Pfennige. Auf der anderen Seite wacht der *Marktrichter* mit dem Schreiber über den Marktfrieden. Betrüger und Streithänsel werden ergriffen und sofort verurteilt – zum Beispiel dazu, am *Pranger* zu stehen: Sie werden auf dem Marktplatz an einem Holzpfahl angekettet. Dort stehen sie und können von jedermann verspottet werden.

Der Marktbetrieb dauert den ganzen Tag. *Spielleute und Gaukler* sorgen für Unterhaltung und Heiterkeit. Sie musizieren zum Tanz oder führen Kunststücke vor. Wenn die Feierabendglocke läutet, wird der Handel beendet. Aber dafür geht es noch lange weiter in den Wirtsstuben um den Marktplatz. Erst als die Stadttore geschlossen werden, kehrt Nachtruhe ein.

Aus: Tempora, Geschichtsstunden Band 6, Klett Stuttgart 1986, S. 60.

M 3

Die Marktordnung

In der Markt- und Gewerbeordnung von 1256 für die Stadt Landshut heißt es:

„1. Wir verbieten, Schwerter und Dolche innerhalb der Stadt zu tragen. Und so oft Leute getroffen werden, die Schwerter tragen, so oft werden sie der Stadt sechs Schillinge und dem Richter 60 Pfennige zahlen.

4. Wucherer, Vorkäufer, Gesellschaften, die in der Volkssprache Einung heißen, verbieten wir unter Strafe von fünf Pfund und erklären sie außerdem für rechtlos.

5. Wir verordnen, zweieinhalb Pfund Rindfleisch für einen Pfennig zu verkaufen und ebensoviel Hammelfleisch und drei Pfund Ziegenfleisch. Die Leute, die es anders machen, werden der Stadt sechs Schillinge und dem Richter 60 Pfennige zahlen.

10. Wir verordnen, daß kein Kauf außerhalb des öffentlichen Marktes stattfindet, was die Leute betrifft, die der Stadt Waren zuführen. Ebenso soll kein Kleinhändler persönlich oder durch Boten irgend etwas innerhalb der Stadt aufkaufen. Die Leute, die wider diese Satzungen handeln, werden der Stadt sechs Schillinge und dem Richter 60 Pfennige zahlen. Wenn einer kein Geld besitzt, wird ihm die Hand abgeschlagen werden.

14. Wir verordnen, daß unsere Bürger den Eimer Römerwein für fünf Schillinge ausschenken, die Fremden aber für ein halbes Pfund und zehn Pfennige. Den besten Frankenwein werden sie für 75 Pfennige, den mittleren für 55 Pfennige ausschenken. Wer zwei Weine zugleich ausschenkt oder mischt und wer das Maß nicht an den Tisch trägt, wird der Stadt sechs Schillinge und dem Richter 60 Pfennige zahlen.

20. Lotterbuben in jeder Art, fahrende Schüler mit langem Haar halten wir fern. Die Leute, die sie über eine Nacht hinaus beherbergen, verurteilen wir zu einem Pfund."

„Pfund" meint hier kein Gewicht und „Schilling" keine Münze. Beides sind Zählgrößen: ein Pfund Pfennige = 20 Schillinge = 240 Pfennige. Wieviel ein Pfennig wert war, hing von seinem Gewicht ab.

Aus: Monumenta Germanica Historica, Const. 2, Nr. 439 „Urkunde Herzog Heinrichs von Niederbayern" (gekürzt)

M 4

Bäuerin Adelheid

Du bist die Bäuerin Adelheid aus dem Dorf Weilbach (das liegt acht Kilometer entfernt von der Stadt).
Du hast ein schweres Leben. Du mußt besonders hart auf dem Feld arbeiten und hast außerdem einen Haushalt, den großen Garten und sechs Kinder zu versorgen.
Dein Arbeitstag beginnt in aller Früh und endet erst bei Sonnenuntergang, wenn der Stall ausgemistet und das Vieh gefüttert ist.
Du fühlst dich oft müde und abgeschafft und läßt deine schlechte Laune manchmal an den Kindern aus.
Bei deinem Mann kannst du dich nicht beklagen, der hat seine eigenen Sorgen. Zum Beispiel muß er jedes Jahr rechtzeitig Geld zusammenhaben, um am St. Martinstag den Zins für das Pachtland vom Kloster zahlen zu können.
Um ein paar Groschen zu verdienen, gehst du heute in die Stadt, um Eier, Butter, Käse, Milch und Honig auf dem Markt zu verkaufen.
Dort ist jede Woche dienstags Markttag. Du gehst schon seit Jahren regelmäßig dorthin und hast deine Waren immer für gutes Geld verkauft.
Heute hast du deinen Buben Konrad mitgenommen, er ist der Älteste und soll dir beim Karrenschieben helfen. Für deinen Mann wirst du eine neue Axt kaufen, das hat er dir aufgetragen.
Doch, man glaubt es kaum, der Torwächter will dich heute nicht einlassen. Du hast versucht, mit ihm zu verhandeln, doch er hat dich gar nicht angehört und dir das Tor vor der Nase zugeschlagen. Außerdem wollte er sogar Zoll von dir haben.
Du bist wütend und empört. Das kann man mit dir nicht machen! Kurz entschlossen baust du deinen Stand draußen vor der Stadtmauer auf.
Da kommt schon wieder einer, der dir das verbieten will. Es ist der Marktbüttel. Er nimmt dich fest und schleppt dich vor den Marktrichter. Aber vor dem hast du keine Angst, den wirst du schon überzeugen, daß du im Recht bist. Das wäre ja gelacht!

M 5

Konrad, ältester Sohn der Bäuerin Adelheid

Du bist Konrad (acht Jahre alt), der älteste Sohn der Bäuerin Adelheid. Du wohnst in dem Dorf Weilbach, acht Kilometer von der Stadt entfernt.
Heute darfst du zum ersten Mal mit in die Stadt, weil Markttag ist und deine Mutter dort Milch, Eier, Butter, Käse und Honig verkaufen will.
Du sollst ihr dabei den Karren schieben helfen, der voll mit Waren bepackt ist.
Du bist ganz stolz, daß deine Mutter dich mitnimmt, denn deine fünf kleineren Geschwister müssen zu Hause bleiben.
Den Karren wirst du ganz alleine schieben, das wäre ja gelacht, wenn du das nicht schaffen würdest. Deine Mutter soll merken, was für eine wertvolle Hilfe du bist.
Du freust dich wahnsinnig darauf, das Leben und Treiben in der Stadt kennenzulernen. Wenn Markttag ist, gibt es immer etwas Neues und Interessantes zu sehen. Das hat dir Martin erzählt, der Sohn vom Nachbarsbauern.
Ob man heute wieder jemanden an den Pranger stellt? Es soll vorkommen, daß man einen betrügerischen Händler mit eisernen Ketten an Händen und Füßen an der dicken Holzsäule festschließt, wo er den ganzen Tag stehen muß und die Leute ihn sogar anspucken dürfen.
Daß der Torwächter deine Mutter und dich nicht in die Stadt reinlassen will, verstehst du nicht. Und wenn ihr dann plötzlich vor dem Marktrichter steht, stellst du zwischendurch immer ein paar „dumme“ Fragen.
Denn du hast große Angst, daß man deine Mutter hart bestraft, obwohl du gar nicht weißt, warum.
Aus Verzweiflung fängst du am Schluß der Verhandlung an zu weinen.
Doch vergiß den Karren nicht mitzunehmen, wenn ihr den Marktplatz wieder verlaßt!
(Nimm dir vor Beginn des Spiels einen Stuhl als Bauernkarren!)

M 6

Marktrichter Jakob

Du bist der Marktrichter Jakob. Man findet dich in der Gerichtslaube am Rathaus. Der Rat der Stadt hat dir ein ehrenvolles Amt übertragen, das du nach bestem Wissen und Gewissen auszuführen hast.
Man achtet dich in der Stadt besonders, denn wenn du am Markttag über Recht und Unrecht entscheidest, dann muß man dir auch gehorchen.
Du versuchst immer gerecht zu sein, indem du dir die Leute mit ihren Klagen und Ausflüchten ganz aufmerksam anhörst, bevor du dein Urteil sprichst.
Du mußt dich an die Vorschriften der Marktordnung halten! Die kennst du ganz genau und triffst deine Entscheidungen erst, nachdem du die Lage der Dinge mit der Marktordnung verglichen hast.
Denke daran, du selbst kannst nicht lesen und schreiben. Dafür hast du einen Schreiber zur Seite, dem gibst du genaue Aufträge, was er vorlesen oder aufschreiben soll.
Heute hast du einen ganz verzwickten Fall zu beurteilen. Der Marktbüttel erzählt dir aufgeregt, warum er die Bäuerin Adelheid und den Torwächter Dietrich zur dir gebracht hat.
Nun mußt du genau überlegen. Wer ist hier eigentlich im Unrecht? Was hat die Bäuerin falsch gemacht? Was muß man dem Torwächter ankreiden?
Doch zuerst solltest du dir die Leute mal ganz genau ansehen. Frage sie nach dem Namen, ihrem Beruf und Wohnort. Dann laß dir die Geschichte von jedem der beiden ausführlich erzählen.
Denke daran, zuerst die Bäuerin befragen, dann den Torwächter!
Paß auf, daß dir keiner dazwischenredet, wenn das Gericht angefangen hat zu tagen.
Du kannst zwischen folgenden Strafen auswählen:

1. Der Schuldige kommt an den Pranger, er wird mit Eisenketten an Händen und Füßen gefesselt und muß den ganzen Tag über stehen. Die Leute dürfen ihn verspotten, ihn beschimpfen und sogar bespucken.
2. Bei Frauen: unter Vorantritt des Büttels sollen sie barfuß einen Besen dreimal um die Kirche tragen. An die Schande würden sie immer denken.
3. Es gibt verschiedene Strafen in der Marktordnung. Laß den Schreiber dort nachlesen und vortragen.

Wenn du das Urteil gesprochen hast, schickst du die Leute weg! Das Spiel ist damit zu Ende.

M 7

Schreiber Friedhelm

Du bist der Schreiber Friedhelm. Du befindest dich mit dem Marktrichter in der Gerichtslaube am Rathaus.
Du bist die rechte Hand des Marktrichters und wirst ihm während der Verhandlung in allen Dingen behilflich sein.
Besonders wenn es gilt, wichtige Dinge aufzuschreiben, zückst du Feder und Tinte und notierst, was der Richter dir sagt, auf einem Stück Papier. Im Gegensatz zu ihm hat dich nämlich der Schulmeister der Schreibschule in Lesen und Schreiben unterrichtet. Das Handwerk war nicht leicht zu erlernen. Manchmal passiert es dir, daß du noch Fehler machst.
Besonders, wenn es gilt, die Namen der Leute aufzuschreiben, bist du zuweilen unsicher, wie man sie schreibt. Also paß auf, damit du deine Sache gut machst.
Auch das Vorlesen ist deine Angelegenheit. Wenn dir der Marktrichter die Marktordnung mit ihren vielen Vorschriften herüberschiebt, dann mußt du die richtige Stelle schnell herausfinden und sie laut und deutlich vorlesen. Um dich wichtig zu tun, stehst du dabei auf.
(Du brauchst einen Federhalter, ein Tintenglas zum Eintauchen der Feder und ein Stück gutes Papier.)

M 8

Torwächter Dietrich

Du bist der Torwächter Dietrich und übst deinen Beruf schon seit vielen Jahren gewissenhaft aus. Der Rat der Stadt hat dich angestellt, ihm bist du verantwortlich, wenn irgend jemand unerlaubterweise das Stadttor passieren sollte. Dann würdest du wahrscheinlich ganz schnell deinen Job verlieren. Du bist nicht besonders freundlich zu den Leuten, eher etwas barsch im Ton, denn zu leicht wird einem die Freundlichkeit falsch ausgelegt und schon ist einer durch das Tor geschlüpft, ohne daß du ihn kontrollieren konntest.
Immer dienstags, wenn Markttag ist, bist du besonders unter Druck, denn du mußt ja aufpassen, daß keine Diebe und Räuber oder sogar die Aussätzigen versuchen, sich illegal in die Stadt einzuschleichen.
Heute ist wieder Markttag. Eine unübersehbare Schlange hat sich vor dem Stadttor gebildet. Unzählige Bauern stehen da mit ihren Karren, drängeln und schubsen sich gegenseitig, um möglichst schnell in die Stadt zu kommen.
Was ist denn nur los heute? So viele waren es ja noch nie. Das kann doch nicht gut gehen, so viele Marktschreier auf einmal. Die stechen sich ja gegenseitig aus, indem sie die Preise endlos senken, nur um ihre Erzeugnisse loszuwerden. Das schadet dem Ruf der Stadt, denn wenn sich herumspricht, daß man auf dem Markt nicht mehr zu wohlfeilen Preisen verkaufen kann, wird bald kein Händler mehr kommen. Sie werden dann bestimmt zur nächsten Stadt fahren.
Das kannst du nicht zulassen. Kurz entschlossen schließt du das Stadttor, nachdem deiner Meinung nach genügend Bauern eingelassen worden sind.
Da war zwar die Bäuerin Adelheid aus Weilbach, die auch nicht mehr hereindurfte. Du kennst sie seit langem, deshalb tut sie dir etwas leid, doch was sein muß, muß sein.
Nun hat dich der Marktbüttel dem Marktrichter als Zeugen vorgeführt. Du wirst erst einmal ganz genau erklären, was sich am frühen Morgen am Stadttor abgespielt hat. Du hast viele Argumente, um den Richter zu begründen, warum du das Stadttor einfach geschlossen hast.
Während der Verhandlung bist du so aufgeregt, daß du manchmal den Respekt vor dem Richter vergißt und einfach dazwischenredest.
(Du bist bewaffnet mit einem Speer [vielleicht ein Besenstiel].)

M 9

Marktbüttel Hannes

Du bist der Marktbüttel Hannes. Du wirst vom Rat der Stadt entlohnt und versuchst immer, deine Aufgabe zur Zufriedenheit der hohen Herren auszuführen.
Heute ist wieder Markttag wie an jedem Dienstag. Am frühen Morgen hast du schon die rote Fahne am Rathaus herausgesteckt, damit alle sehen, daß der Markt eröffnet ist. Außerdem gelten ab diesem Zeitpunkt die strengen Regeln der Marktordnung, die du genau kennst.
Du hast immer ein Auge auf all das kunterbunte Treiben in der Stadt. Es könnte ja passieren, daß irgend jemand sich unrechtmäßig verhält.
Und richtig, da hast du doch heute tatsächlich eine Bauersfrau erwischt, die die Unverschämtheit besessen hat, ihren Stand draußen vor der Stadtmauer aufzubauen. Das hat bisher noch keiner gewagt. Ist sie des Teufels? Will sie dich und die Bürger der Stadt in ihrer Ehre kränken?
Na, der wirst du zeigen, was Recht und Gesetz ist! Du packst sie grob am Arm und schleifst sie quer durch die Stadt bis zur Gerichtslaube auf dem Marktplatz und führst sie dem Marktrichter vor.*
Dabei spielst du dich unwahrscheinlich auf und bist ganz stolz, daß du die Missetäterin ertappt hast. Den Torwächter hast du gleich als Zeugen mitgenommen, denn der hat ja die Frau mit ihrem Buben auch gesehen.
Du erzählst dem Richter ausführlich, was sich ereignet hat.
* (Mit dieser Szene beginnt das Spiel!)

M 10 Magd Anna

Du bist Anna und hast dich als Magd verdingt bei einer der reichen Patrizierfamilien in der Stadt. Heute hat dich deine Herrin auf den Markt geschickt, um frische Lebensmittel einzukaufen. Das machst du sehr gerne, denn auf dem Marktplatz kann man viel erleben.
Du hältst dort gerne Ausschau nach den jungen Burschen: die sind immer so lustig, manchmal auch frech. Besonders einer von den Böttchergesellen könnte dir gefallen.
Nun ja, nur der Himmel weiß, ob du einmal heiraten darfst.
Mal sehen, ob du heute wieder die Liese triffst, mit der tauschst du gerne die letzten Neuigkeiten aus der Stadt aus.
Doch zuallererst mußt du einmal dafür sorgen, daß du die zehn Eier, ein Pfund Butter und ein gutes Stück Käse von bester Qualität bekommst. Du kaufst besonders gerne bei Bäuerin Adelheid aus dem Dorf Weilbach ein, denn die hat immer gute Sachen, besonders der Käse schmeckt ausgesprochen lecker. Da wirst du heute wieder hingehen.
Doch was ist denn los? Du kannst den Stand der Bäuerin heute gar nicht entdecken! Wo ist sie nur abgeblieben? Sie wird doch nicht etwa krank sein, die Gute! Der Korb an deinem Arm ist noch immer leer.
Da siehst du plötzlich, wie man die Bäuerin mit ihrem Buben dem Marktrichter vorführt. Du eilst schnell zur Marktlaube, wo schon viele Leute stehen und glotzt ungläubig auf das, was sich da abspielt.
Was soll denn die arme Frau verbrochen haben? Du kannst dir nicht vorstellen, daß sie sich etwas hat zu Schulden kommen lassen.
Wenn irgend möglich, versuchst du zu Wort zu kommen, um dem Richter zu beteuern, daß diese Frau immer den besten Käse auf dem ganzen Markt habe und der Preis stimme auch. Sie sei sicher zu unrecht beschuldigt worden, das alles könne nur ein Irrtum sein.
Versuche, dir Gehör zu verschaffen, auch wenn der Richter dich nicht anhören will.
(Du brauchst einen Einkaufskorb!)

M 11 Magd Liese

Du bist Liese und hast dich als Magd verdingt bei dem Zunftmeister Kannengießer in der Stadt. Heute hat dich seine Frau auf den Markt geschickt, um frische Lebensmittel einzukaufen. Das macht dir großen Spaß, denn auf dem Marktplatz kann man viel erleben.
Du hältst dort gerne Ausschau nach den jungen Burschen, die sind immer so lustig, manchmal auch frech. Besonders einer von den Fleischergesellen könnte dir gefallen. Nun ja, nur der Himmel weiß, ob du einmal heiraten darfst.
Mal sehen, ob du heute wieder die Anna triffst, mit der tauschst du gerne die letzten Neuigkeiten aus der Stadt aus.
Doch zuallererst mußt du einmal dafür sorgen, daß du den Honig, das Dutzend Eier und die Butter bekommst, natürlich von bester Qualität, sonst wäre die Frau Zunftmeister äußerst ärgerlich auf dich.
Du kaufst gerne bei Bäuerin Adelheid aus Weilbach ein, denn die hat immer gute Ware, besonders der Honig ist ausgesprochen lecker. Da wirst du heute wieder hingehen.
Doch was ist denn los? Du kannst den Stand der Bäuerin heute gar nicht entdecken! Wo ist sie nur abgeblieben? Sie wird doch nicht etwa krank sein, die Gute! Der Korb an deinem Arm ist noch immer leer.
Da siehst du plötzlich, wie man die Bäuerin mit ihrem Buben dem Marktrichter vorführt. Du eilst schnell zur Marktlaube, wo schon viele Leute stehen und glotzt ungläubig auf das, was sich da abspielt.
Was soll denn die arme Frau verbrochen haben? Du kannst dir nicht vorstellen, daß sie sich etwas hat zu Schulden kommen lassen.
Wenn irgend möglich, versuchst du zu Wort zu kommen, um dem Richter zu beteuern, daß diese Frau immer den besten Honig auf dem ganzen Markt habe und der Preis stimme auch. Sie sei sicher zu unrecht beschuldigt worden, das alles könne nur ein Irrtum sein.
Versuche, dir Gehör zu verschaffen, auch wenn dich der Richter gar nicht anhören will.
(Du brauchst einen Einkaufskorb!)

M 1

Altes Weltbild, geozentrisch

Altes Weltbild, geozentrisch

- **Die Erde ist eine Scheibe**
- Es gibt drei Kontinente auf der Erde
- Die Erde ist der Mittelpunkt der Welt
- Alle Himmelskörper drehen sich um die Erde

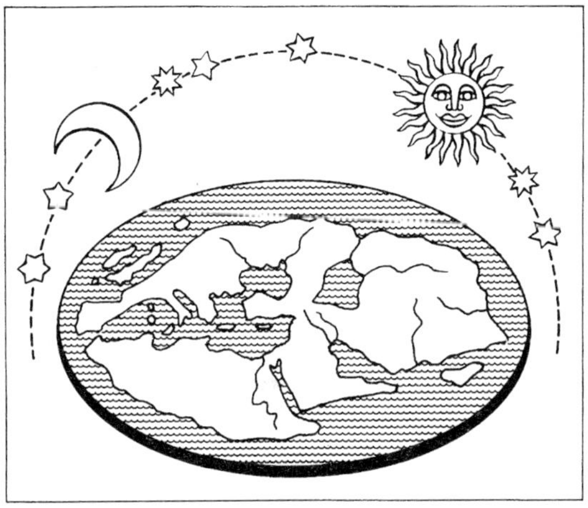

Die Erde ist eine Scheibe
(bis 15. Jahrhundert)

Altes Weltbild, geozentrisch

- Die Erde ist eine Scheibe
- **Es gibt drei Kontinente auf der Erde**
- Die Erde ist der Mittelpunkt der Welt
- Alle Himmelskörper drehen sich um die Erde

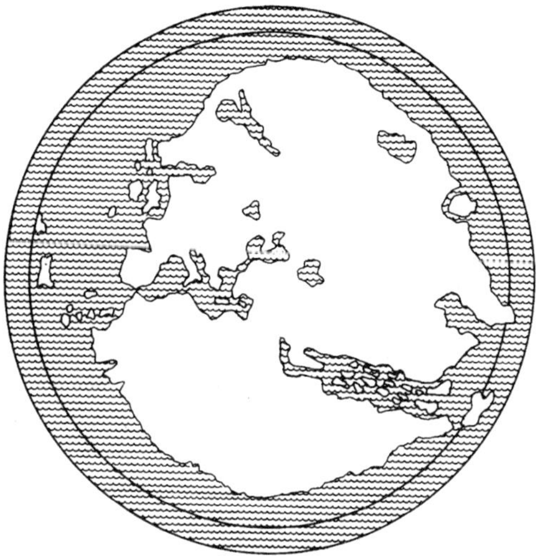

Es gibt drei Kontinente auf der Erde
(bis 15. Jahrhundert)

Altes Weltbild, geozentrisch

- Die Erde ist eine Scheibe
- Es gibt drei Kontinente auf der Erde
- **Die Erde ist der Mittelpunkt der Welt**
- Alle Himmelskörper drehen sich um die Erde

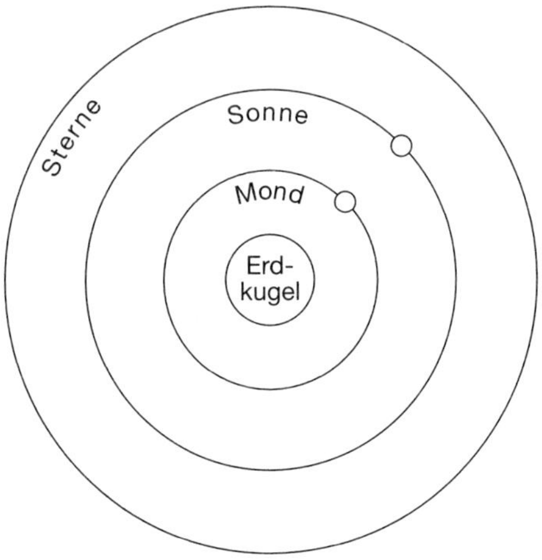

Die Erde ist der Mittelpunkt der Welt
(bis 15. Jahrhundert)

Altes Weltbild, geozentrisch

- Die Erde ist eine Scheibe
- Es gibt drei Kontinente auf der Erde
- Die Erde ist der Mittelpunkt der Welt
- **Alle Himmelskörper drehen sich um die Erde**

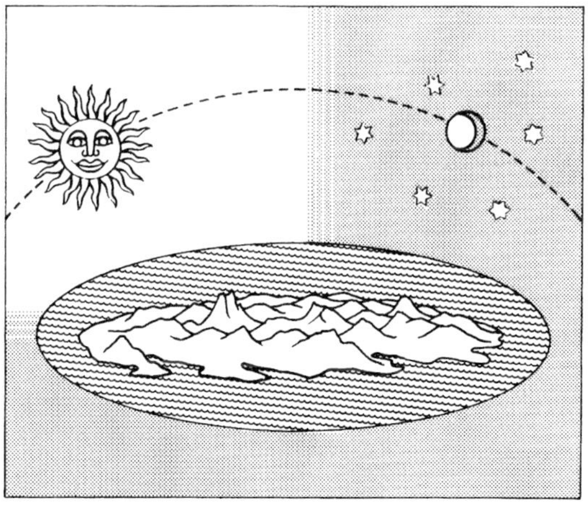

Alle Himmelskörper drehen sich um die Erde
(bis 15. Jahrhundert)

M 2

Neues Weltbild, heliozentrisch

Neues Weltbild, heliozentrisch ▲

- **Die Erde ist eine Kugel**
- Die Erde kreist um die Sonne
- Die Erde ist ein Planet von vielen
- Die Sonne ist der Mittelpunkt unseres Planetensystems

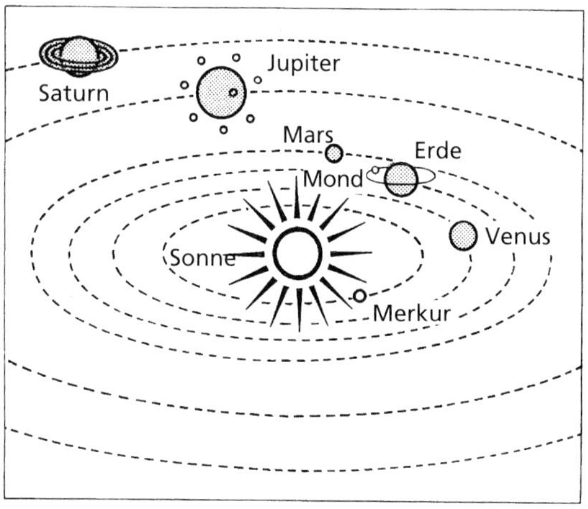

Die Erde ist eine Kugel
(Mitte des 15. Jahrhunderts)

Neues Weltbild, heliozentrisch ▲

- Die Erde ist eine Kugel
- **Die Erde kreist um die Sonne**
- Die Erde ist ein Planet von vielen
- Die Sonne ist der Mittelpunkt unseres Planetensystems

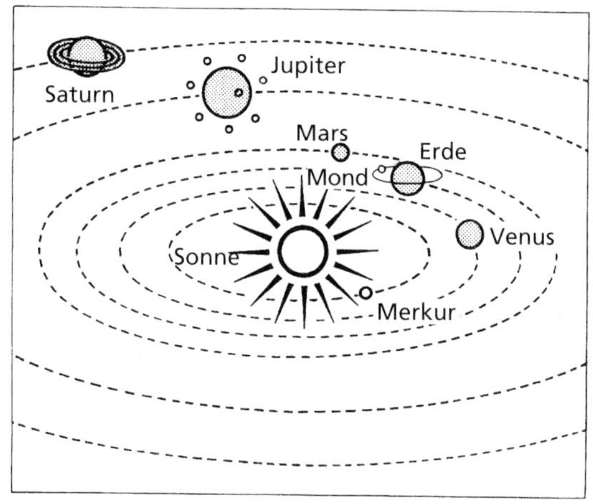

Die Erde kreist um die Sonne
(nach 1500: Nikolaus Kopernikus)

Neues Weltbild, heliozentrisch ▲

- Die Erde ist eine Kugel
- Die Erde kreist um die Sonne
- **Die Erde ist ein Planet von vielen**
- Die Sonne ist der Mittelpunkt unseres Planetensystems

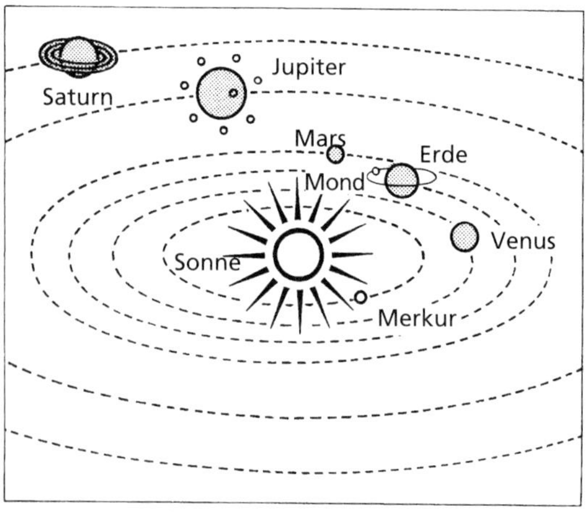

Die Erde ist ein Planet von vielen
(nach 1500: Nikolaus Kopernikus)

Neues Weltbild, heliozentrisch ▲

- Die Erde ist eine Kugel
- Die Erde kreist um die Sonne
- Die Erde ist ein Planet von vielen
- **Die Sonne ist der Mittelpunkt unseres Planetensystems**

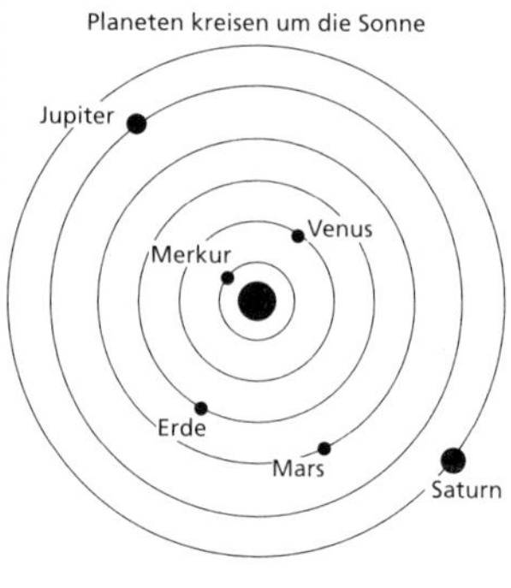

Kopernikanisches Weltsystem

Die Sonne ist der Mittelpunkt unseres Planetensystems (N. Kopernikus)

M 3

Unbekannte Erdteile um 1490

Unbekannte Erdteile um 1490 ❑

- **Nordamerika**
- Südamerika
- Australien
- Antarktis (Südpol)

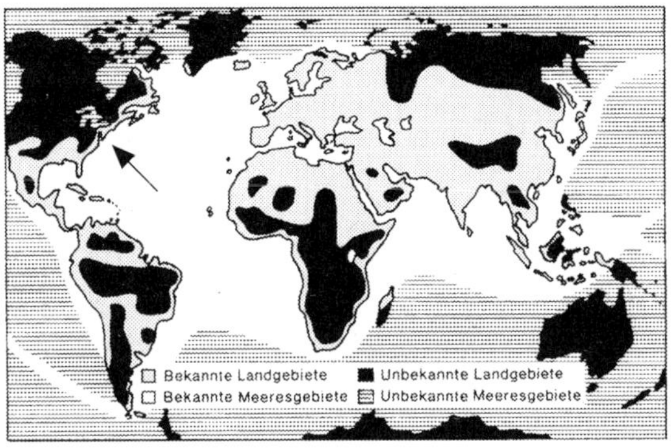

Nordamerika

Unbekannte Erdteile um 1490 ❑

- Nordamerika
- **Südamerika**
- Australien
- Antarktis (Südpol)

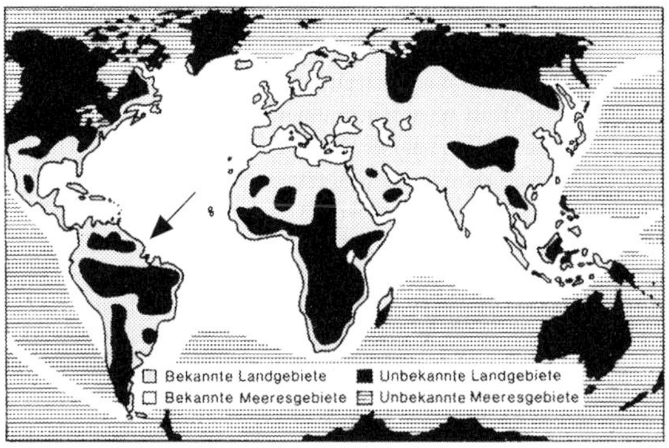

Südamerika

Unbekannte Erdteile um 1490 ❑

- Nordamerika
- Südamerika
- **Australien**
- Antarktis (Südpol)

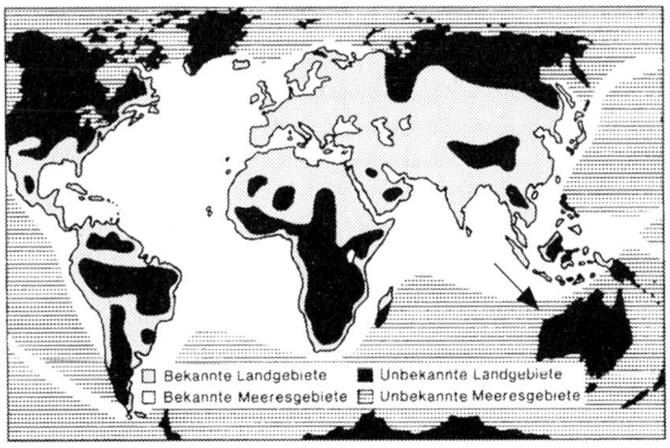

Australien

Unbekannte Erdteile um 1490 ❑

- Nordamerika
- Südamerika
- Australien
- **Antarktis (Südpol)**

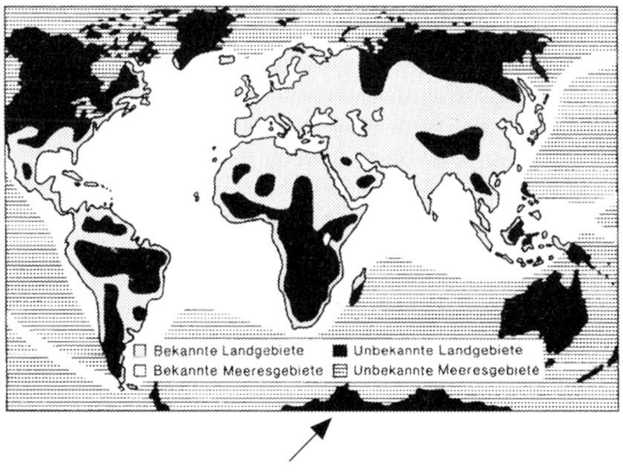

Antarktis (Südpol)

M 4

Wichtige Erfindungen

Wichtige Erfindungen

- **Schießpulver – Berthold Schwarz um 1410**
- Buchdruck – Johannes Gutenberg um 1436
- erster Globus – Martin Behaim 1492
- Taschenuhr – Peter Henlein 1510

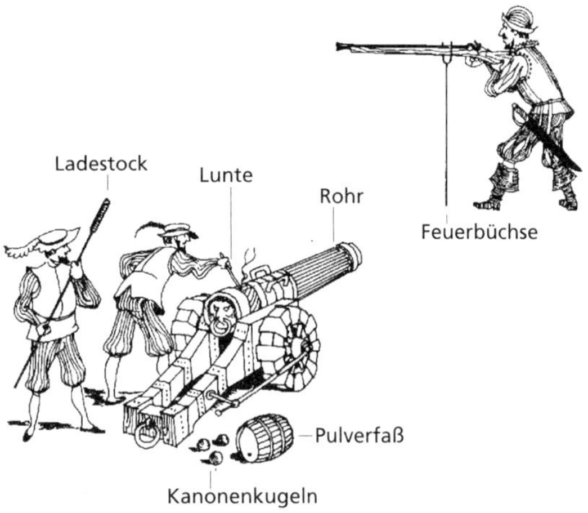

Schießpulver • um 1410
Berthold Schwarz

Wichtige Erfindungen

- Schießpulver – Berthold Schwarz um 1410
- **Buchdruck – Johannes Gutenberg um 1436**
- erster Globus – Martin Behaim 1492
- Taschenuhr – Peter Henlein 1510

Buchdruck • um 1436
Johannes Gutenberg

Wichtige Erfindungen

- Schießpulver – Berthold Schwarz um 1410
- Buchdruck – Johannes Gutenberg um 1436
- **erster Globus – Martin Behaim 1492**
- Taschenuhr – Peter Henlein 1510

Erster Globus • 1492
Martin Behaim

Wichtige Erfindungen

- Schießpulver – Berthold Schwarz um 1410
- Buchdruck – Johannes Gutenberg um 1436
- erster Globus – Martin Behaim 1492
- **Taschenuhr – Peter Henlein 1510**

Taschenuhr • 1510
Peter Henlein

M 5

Große Entdecker und Seefahrer

Große Entdecker und Seefahrer

- **Bartolomëu Diaz um 1450–1500**
- Christoph Kolumbus 1451–1506
- Vasco da Gama um 1460–1524
- Fernando Magellan 1480–1521

Bartolomëu Diaz • um 1450–1500
(aus Portugal)

Große Entdecker und Seefahrer

- Bartolomëu Diaz um 1450–1500
- **Christoph Kolumbus 1451–1506**
- Vasco da Gama um 1460–1524
- Fernando Magellan 1480–1521

Christoph Kolumbus • 1451–1506
(aus Genua, ital. Stadt)

Große Entdecker und Seefahrer

- Bartolomëu Diaz um 1450–1500
- Christoph Kolumbus 1451–1506
- **Vasco da Gama um 1460–1524**
- Fernando Magellan 1480–1521

Vasco da Gama • um 1460–1524
(aus Portugal)

Große Entdecker und Seefahrer

- Bartolomëu Diaz um 1450–1500
- Christoph Kolumbus 1451–1506
- Vasco da Gama um 1460–1524
- **Fernando Magellan 1480–1521**

Fernando Magellan • 1480–1521
(aus Portugal)

M 6

Wichtige Entdeckungsreisen

Wichtige Entdeckungsreisen ☆

- **1487/88 Umsegelung der Südspitze Afrikas**
- 1492 Entdeckung Amerikas
- 1498 Östlicher Seeweg nach Indien
- 1519/21 Erste Weltumsegelung

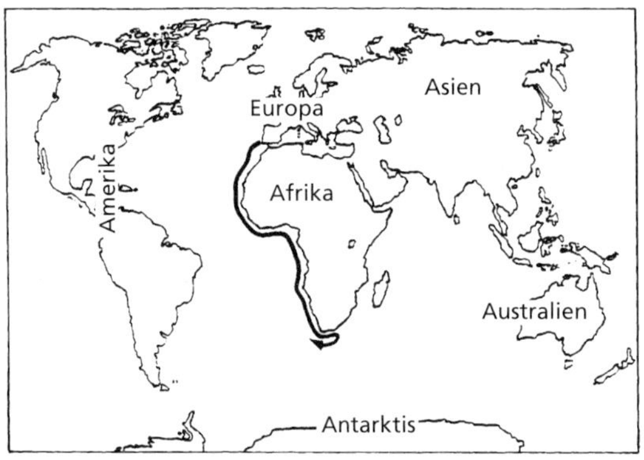

Umsegelung der Südspitze Afrikas
Bartolomëu Diaz • 1487–1488

Wichtige Entdeckungsreisen ☆

- 1487/88 Umsegelung der Südspitze Afrikas
- **1492 Entdeckung Amerikas**
- 1498 Östlicher Seeweg nach Indien
- 1519/21 Erste Weltumsegelung

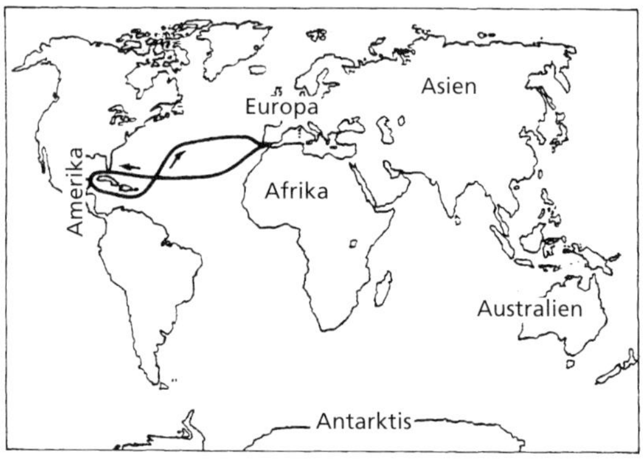

Entdeckung Amerikas
Christoph Kolumbus • 1492

Wichtige Entdeckungsreisen ☆

- 1487/88 Umsegelung der Südspitze Afrikas
- 1492 Entdeckung Amerikas
- **1498 Östlicher Seeweg nach Indien**
- 1519/21 Erste Weltumsegelung

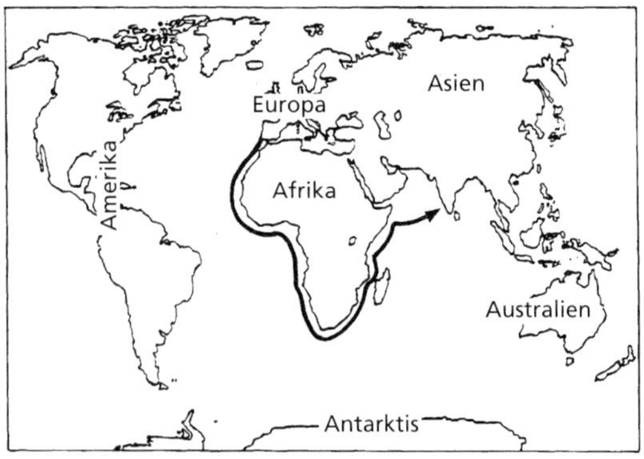

Östlicher Seeweg nach Indien
Vasco da Gama • 1498

Wichtige Entdeckungsreisen ☆

- 1487/88 Umsegelung der Südspitze Afrikas
- 1492 Entdeckung Amerikas
- 1498 Östlicher Seeweg nach Indien
- **1519/21 Erste Weltumsegelung**

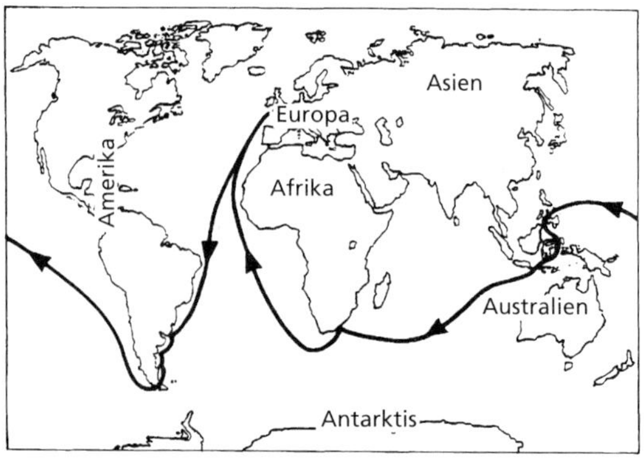

Erste Weltumsegelung
Fernando Magellan • 1519–1521

M 7

Folgen der Entdeckungen: Kolonialismus

Folgen der Entdeckungen: Kolonialismus

- **Eroberungskriege, Raub von Gold und Silber**
- Sklavenhandel, Massensterben der Schwarzen
- Ausrottung der Indios durch Krankheiten
- Missionierung zum christlichen Glauben

Eroberungskriege, Raub von Gold und Silber

Folgen der Entdeckungen: Kolonialismus

- Eroberungskriege, Raub von Gold und Silber
- **Sklavenhandel, Massensterben der Schwarzen**
- Ausrottung der Indios durch Krankheiten
- Missionierung zum christlichen Glauben

Sklavenhandel, Massensterben der Schwarzen

Folgen der Entdeckungen: Kolonialismus

- Eroberungskriege, Raub von Gold und Silber
- Sklavenhandel, Massensterben der Schwarzen
- **Ausrottung der Indios durch Krankheiten**
- Missionierung zum christlichen Glauben

Ausrottung der Indios durch Krankheiten

Folgen der Entdeckungen: Kolonialismus

- Eroberungskriege, Raub von Gold und Silber
- Sklavenhandel, Massensterben der Schwarzen
- Ausrottung der Indios durch Krankheiten
- **Missionierung zum christlichen Glauben**

Missionierung zum christlichen Glauben

M 8

Überseehandel zwischen Amerika und Europa

Überseehandel zwischen Amerika und Europa ✚

• **Rohstoffe aus Amerika**	**Tabak – Kakao – Silber** Baumwolle – Zuckerrohr
• Fertigwaren aus Europa	Waffen – Glas – Papier – Saatgut – Geräte – Haushaltsgegenstände

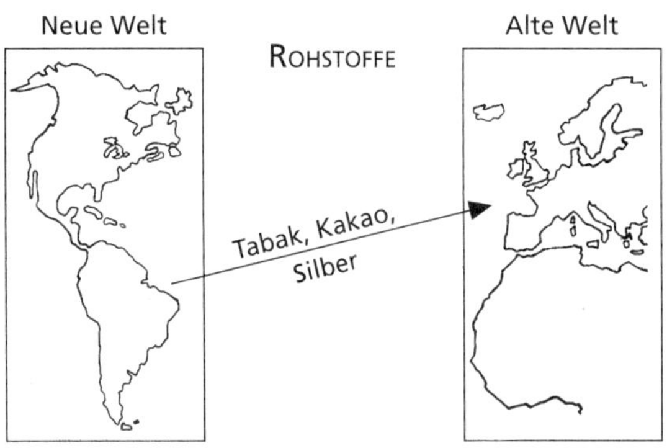

aus Amerika: Tabak – Kakao – Silber

Überseehandel zwischen Amerika und Europa ✚

• **Rohstoffe aus Amerika**	Tabak – Kakao – Silber **Baumwolle – Zuckerrohr**
• Fertigwaren aus Europa	Waffen – Glas – Papier – Saatgut – Geräte – Haushaltsgegenstände

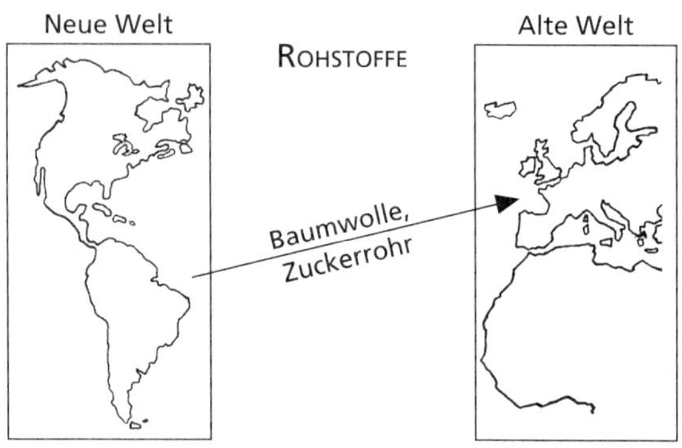

aus Amerika: Baumwolle – Zuckerrohr

Überseehandel zwischen Amerika und Europa ✚

• Rohstoffe aus Amerika	Tabak – Kakao – Silber Baumwolle – Zuckerrohr
• **Fertigwaren aus Europa**	**Waffen – Glas – Papier – Saatgut** – Geräte – Haushaltsgegenstände

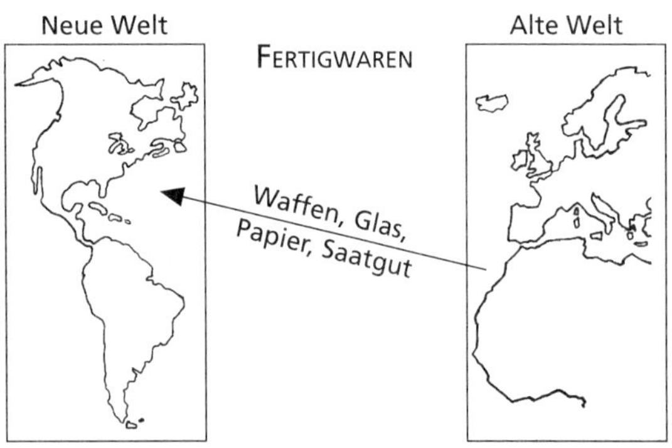

aus Europa: Waffen – Glas – Papier – Saatgut

Überseehandel zwischen Amerika und Europa ✚

• Rohstoffe aus Amerika	Tabak – Kakao – Silber Baumwolle – Zuckerrohr
• **Fertigwaren aus Europa**	Waffen – Glas – Papier – Saatgut – **Geräte – Haushaltsgegenstände**

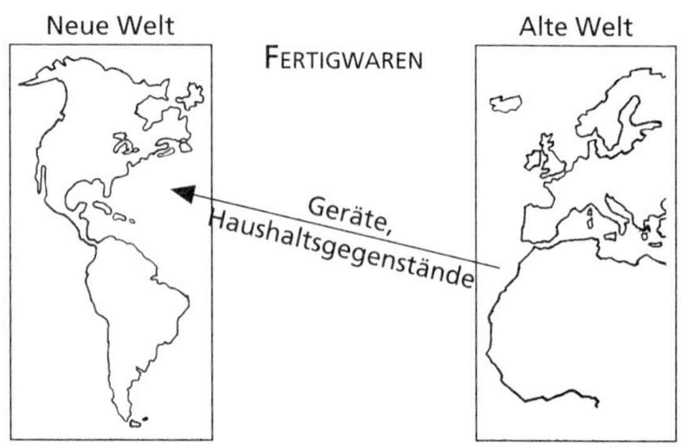

aus Europa: Geräte – Haushaltsgegenstände

M 9

Unbekannte Waren von Amerika nach Europa

Unbekannte Waren von Amerika nach Europa

- **Kautschuk, Tabak, Indigo**
- Kartoffeln, Tomaten, Paprika
- Ananas, Erdbeeren, Avocado
- Kakao, Erdnüsse, Mais

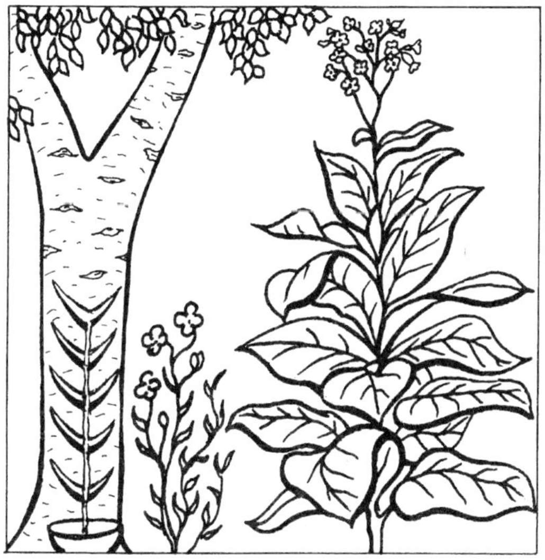

Kautschuk, Tabak, Indigo

Unbekannte Waren von Amerika nach Europa

- Kautschuk, Tabak, Indigo
- **Kartoffeln, Tomaten, Paprika**
- Ananas, Erdbeeren, Avocado
- Kakao, Erdnüsse, Mais

Kartoffeln, Tomaten, Paprika

Unbekannte Waren von Amerika nach Europa

- Kautschuk, Tabak, Indigo
- Kartoffeln, Tomaten, Paprika
- **Ananas, Erdbeeren, Avocado**
- Kakao, Erdnüsse, Mais

Ananas, Erdbeeren, Avocado

Unbekannte Waren von Amerika nach Europa

- Kautschuk, Tabak, Indigo
- Kartoffeln, Tomaten, Paprika
- Ananas, Erdbeeren, Avocado
- **Kakao, Erdnüsse, Mais**

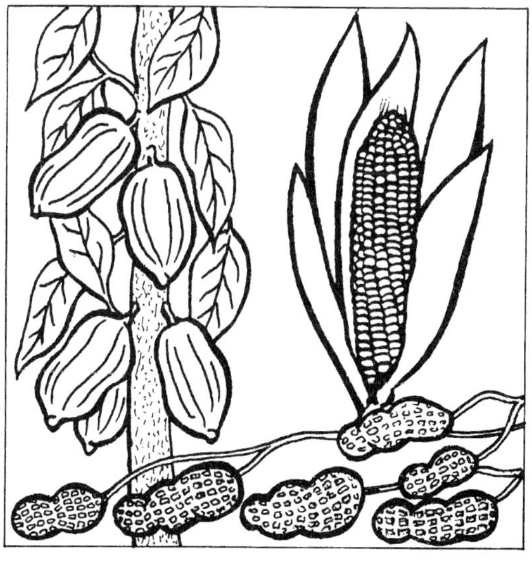

Kakao, Erdnüsse, Mais

M 10

Zerstörte Hochkulturen in Lateinamerika

Zerstörte Hochkulturen in Lateinamerika

- **1517 Fernando Córdoba landet im Reich der Maya (Mittelamerika)**
- 1519–21 Cortez erobert und vernichtet das Reich der Azteken in Mexiko
- 1525–35 Pizarro erobert und zerstört das Inkareich in Peru (Südamerika)
- 1519 Bartolomeo de las Casas (Mönch) klagt die Ausbeutung der Indios an

Zerstörte Hochkulturen in Lateinamerika

- 1517 Fernando Córdoba landet im Reich der Maya (Mittelamerika)
- **1519–21 Cortez erobert und vernichtet das Reich der Azteken in Mexiko**
- 1525–35 Pizarro erobert und zerstört das Inkareich in Peru (Südamerika)
- 1519 Bartolomeo de las Casas (Mönch) klagt die Ausbeutung der Indios an

Zerstörte Hochkulturen in Lateinamerika

- 1517 Fernando Córdoba landet im Reich der Maya (Mittelamerika)
- 1519–21 Cortez erobert und vernichtet das Reich der Azteken in Mexiko
- **1525–35 Pizarro erobert und zerstört das Inkareich in Peru (Südamerika)**
- 1519 Bartolomeo de las Casas (Mönch) klagt die Ausbeutung der Indios an

Zerstörte Hochkulturen in Lateinamerika

- 1517 Fernando Córdoba landet im Reich der Maya (Mittelamerika)
- 1519–21 Cortez erobert und vernichtet das Reich der Azteken in Mexiko
- 1525–35 Pizarro erobert und zerstört das Inkareich in Peru (Südamerika)
- **1519 Bartolomeo de las Casas (Mönch) klagt die Ausbeutung der Indios an**

M 11

Neue Waren von Europa nach Amerika

Neue Waren von Europa nach Amerika

- **Kaffee, Zuckerrohr**
- Pferde, Federvieh
- Obst, Gemüse
- Getreidearten

Kaffee und Zuckerrohr

Neue Waren von Europa nach Amerika

- Kaffee, Zuckerrohr
- **Pferde, Federvieh**
- Obst, Gemüse
- Getreidearten

Pferde und Federvieh

Neue Waren von Europa nach Amerika

- Kaffee, Zuckerrohr
- Pferde, Federvieh
- **Obst, Gemüse**
- Getreidearten

Obst und Gemüse

Neue Waren von Europa nach Amerika

- Kaffee, Zuckerrohr
- Pferde, Federvieh
- Obst, Gemüse
- **Getreidearten**

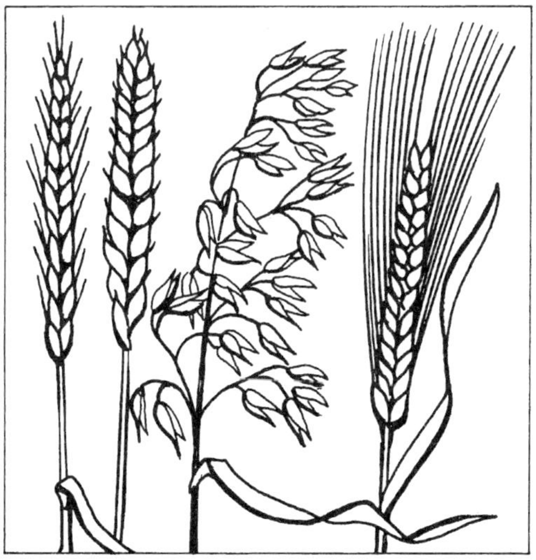

Getreidearten

M 12

Bedeutende Kolonialmächte im 16. und 17. Jahrhundert

Bedeutende Kolonialmächte im 16. und 17. Jahrhundert

- **Spanien und Portugal** – **Mittel- und Südamerika, Philippinen, Küstenstreifen in Afrika**
- England – Nordamerika, Indien
- Frankreich – Nordamerika, Indien, West-Afrika
- Niederlande – Indonesien, Südafrika, Südamerika

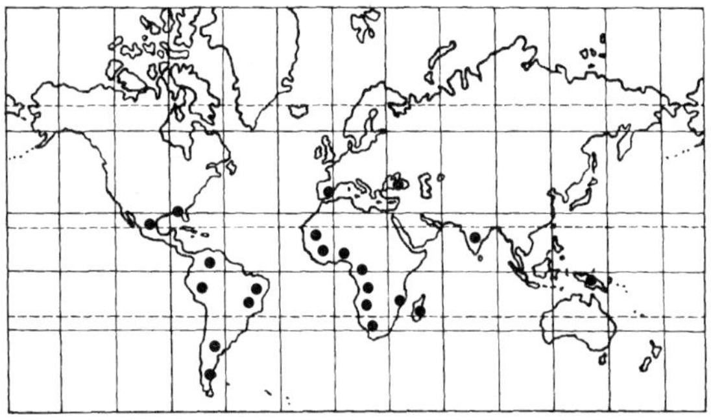

Spanien und Portugal

Bedeutende Kolonialmächte im 16. und 17. Jahrhundert

- Spanien und Portugal – Mittel- und Südamerika, Philippinen, Küstenstreifen in Afrika
- **England** – **Nordamerika, Indien**
- Frankreich – Nordamerika, Indien, West-Afrika
- Niederlande – Indonesien, Südafrika, Südamerika

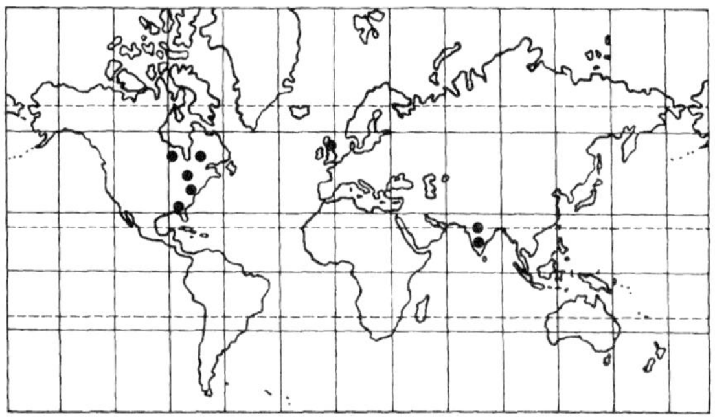

England

Bedeutende Kolonialmächte im 16. und 17. Jahrhundert

- Spanien und Portugal – Mittel- und Südamerika, Philippinen, Küstenstreifen in Afrika
- England – Nordamerika, Indien
- **Frankreich** – **Nordamerika, Indien, West-Afrika**
- Niederlande – Indonesien, Südafrika, Südamerika

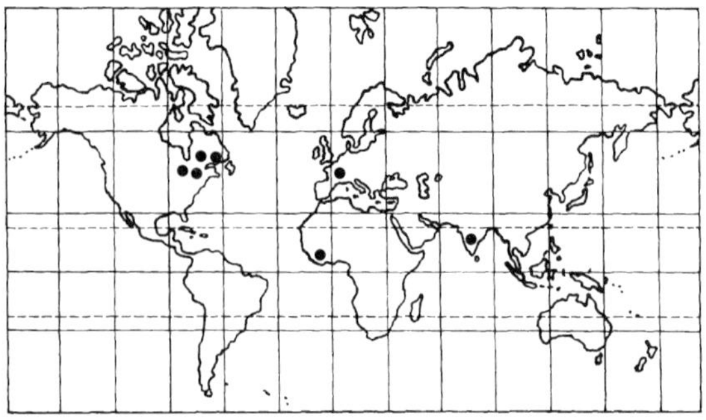

Frankreich

Bedeutende Kolonialmächte im 16. und 17. Jahrhundert

- Spanien und Portugal – Mittel- und Südamerika, Philippinen, Küstenstreifen in Afrika
- England – Nordamerika, Indien
- Frankreich – Nordamerika, Indien, West-Afrika
- **Niederlande** – **Indonesien, Südafrika, Südamerika**

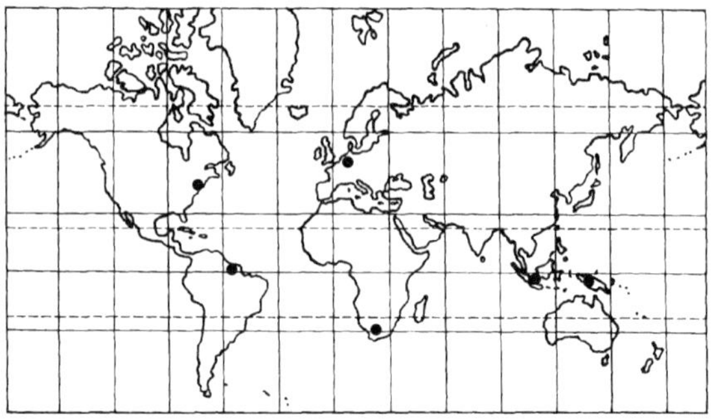

Niederlande

M 13

Bildkarten zum Memoryspiel – I

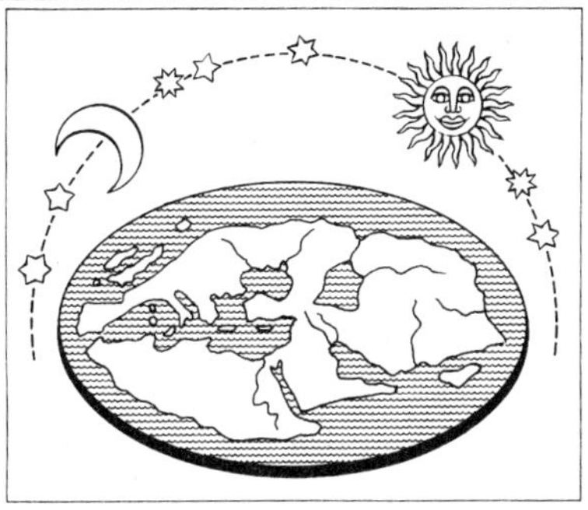

Die Erde ist eine Scheibe
(bis 15. Jahrhundert)

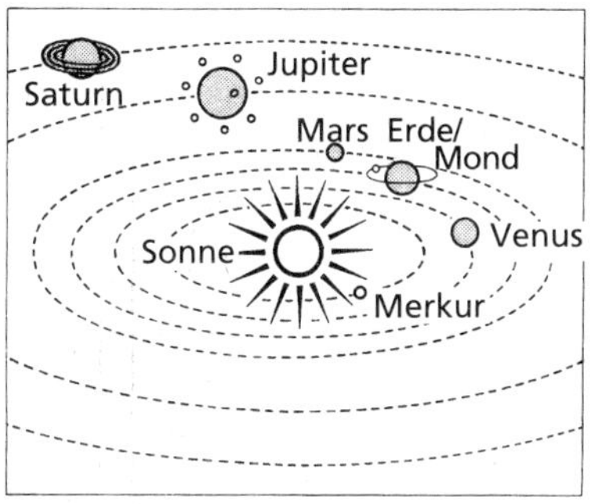

Die Erde ist eine Kugel
(Mitte des 15. Jahrhunderts)

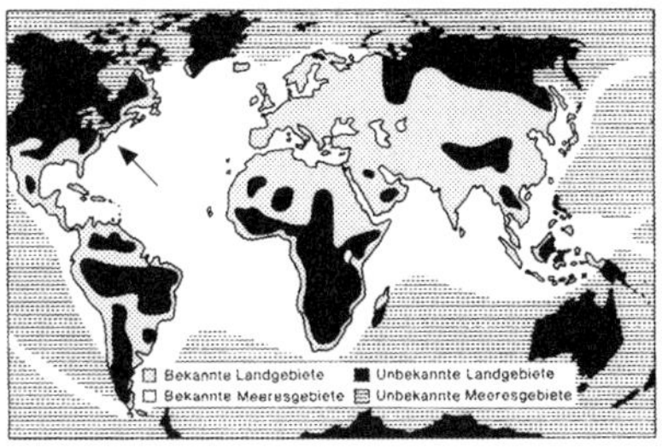

Nordamerika

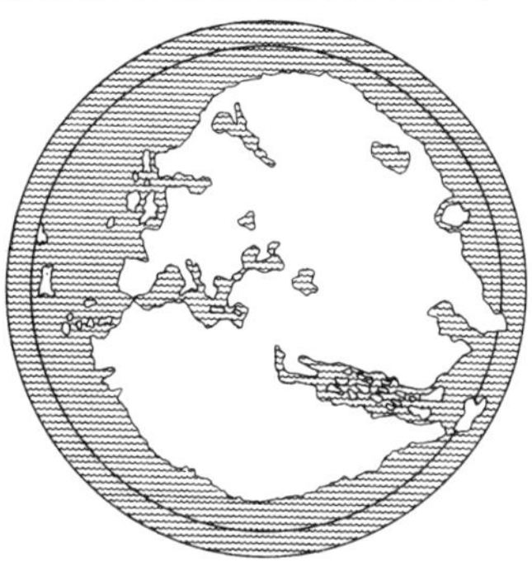

Es gibt drei Kontinente auf der Erde
(bis 15. Jahrhundert)

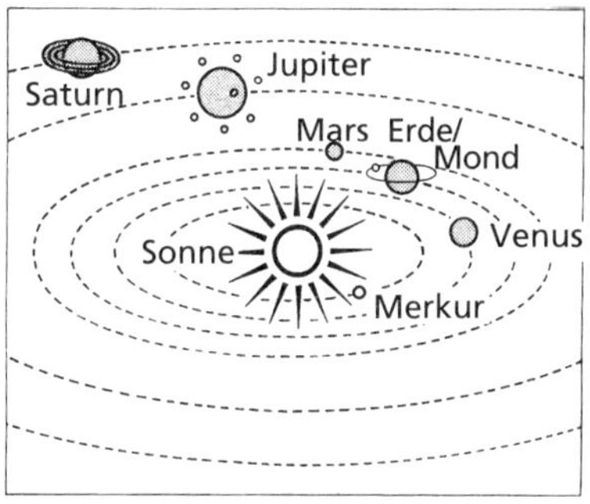

Die Erde kreist um die Sonne
(nach 1500: Nikolaus Kopernikus)

Südamerika

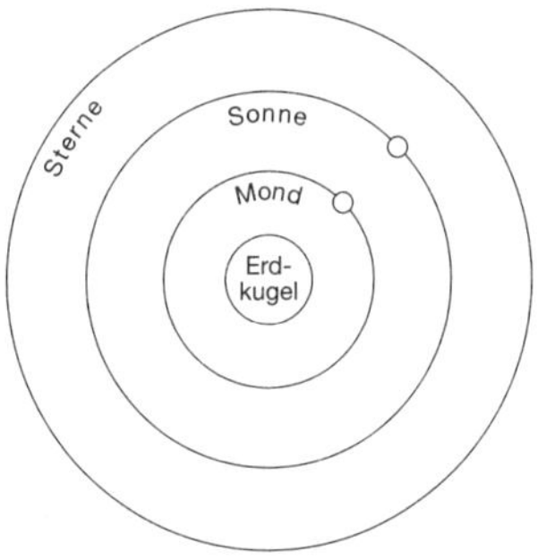

Die Erde ist der Mittelpunkt der
Welt (bis 15. Jahrhundert)

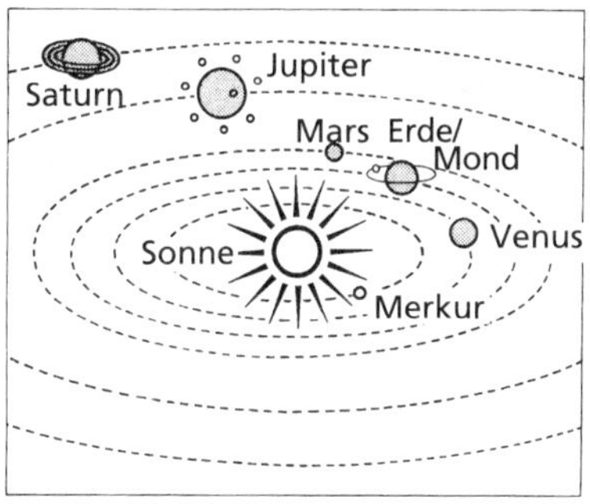

Die Erde ist ein Planet von vielen
(nach 1500: Nikolaus Kopernikus)

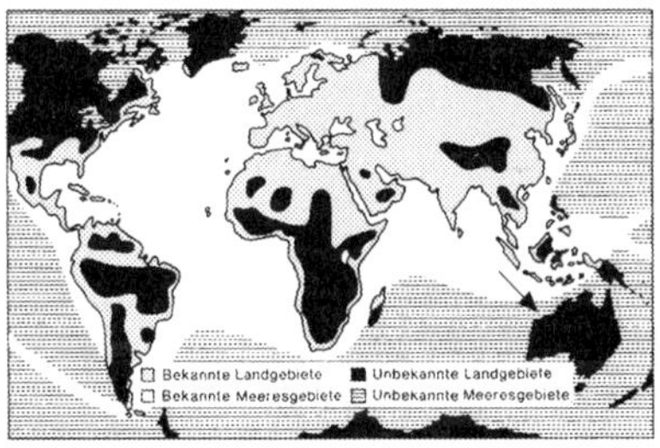

Australien

Alle Himmelskörper drehen sich um
die Erde (bis 15. Jahrhundert)

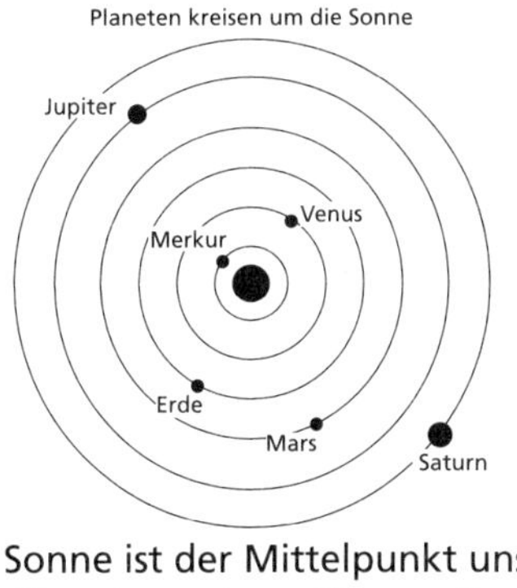

Die Sonne ist der Mittelpunkt unse-
res Planetensystems (Kopernikus)

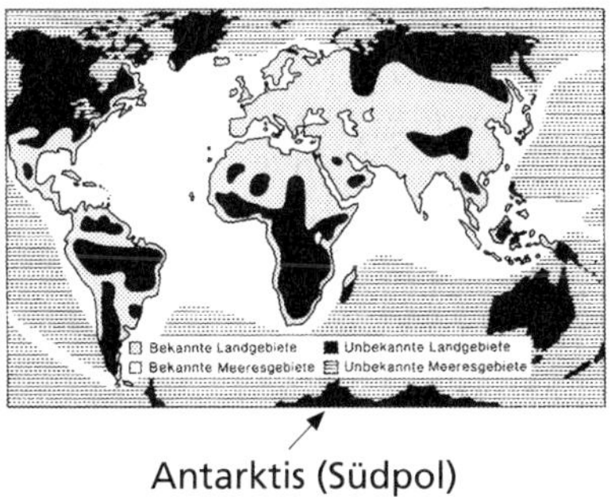

Antarktis (Südpol)

M 14

Bildkarten zum Memoryspiel – II

Schießpulver • um 1410
Berthold Schwarz

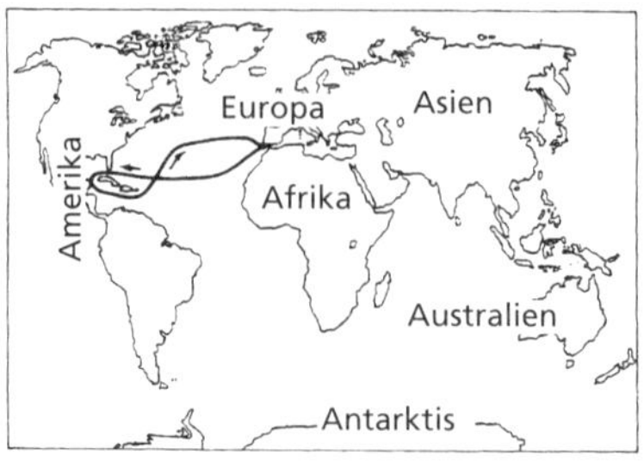

Entdeckung Amerikas
Christoph Kolumbus • 1492

Christoph Kolumbus • 1451–1506
(aus Genua, ital. Stadt)

Buchdruck • um 1436
Johannes Gutenberg

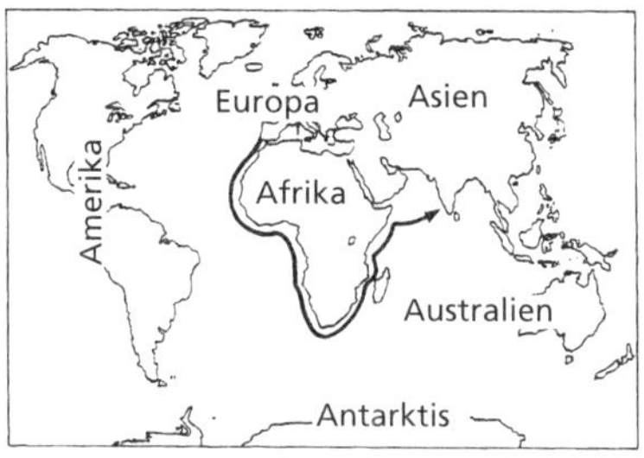

Östlicher Seeweg nach Indien
Vasco da Gama • 1498

Fernando Magellan • 1480–1521
(aus Portugal)

Erster Globus • 1492
Martin Behaim

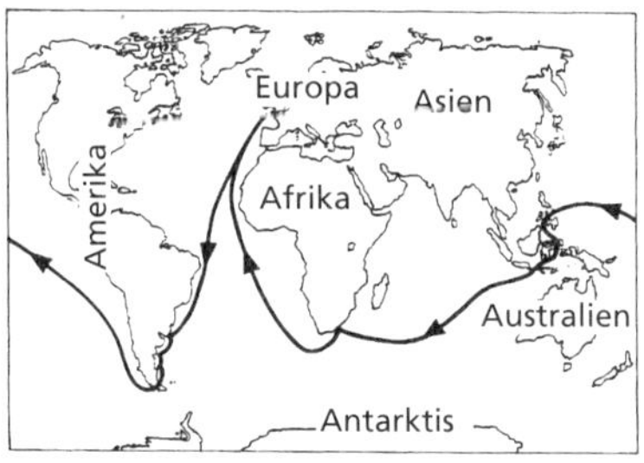

Erste Weltumsegelung
Fernando Magellan • 1519–1521

Vasco da Gama • um 1460–1524
(aus Portugal)

Taschenuhr • 1510
Peter Henlein

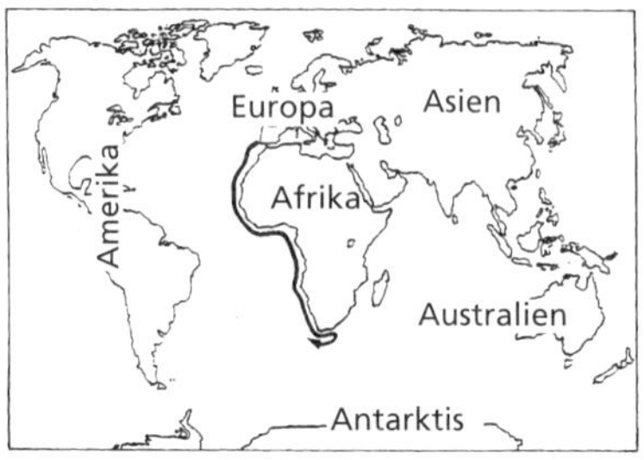

Umsegelung der Südspitze Afrikas
Bartolomëu Diaz • 1487–1488

Bartolomëu Diaz • um 1450–1500
(aus Portugal)

M 15

Bildkarten zum Memoryspiel – III

Eroberungskriege, Raub von Gold und Silber

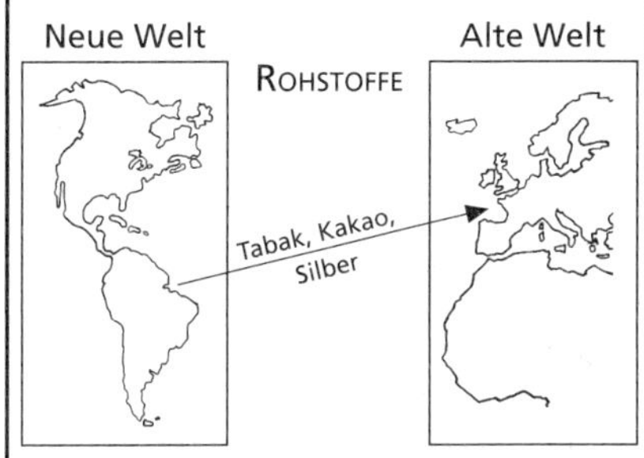

aus Amerika:
Tabak – Kakao – Silber

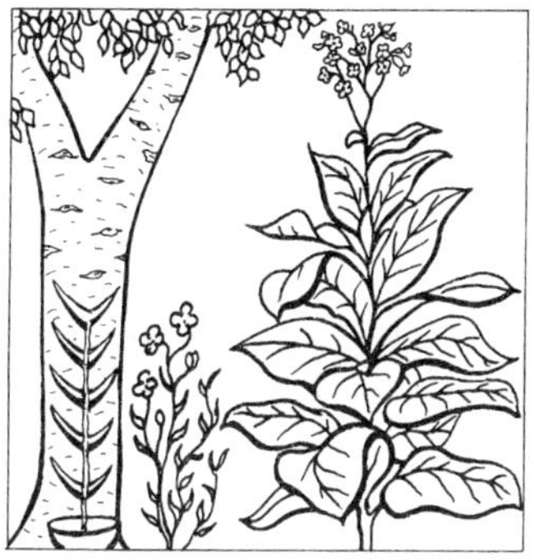

Kautschuk, Tabak, Indigo

Sklavenhandel, Massensterben der Schwarzen

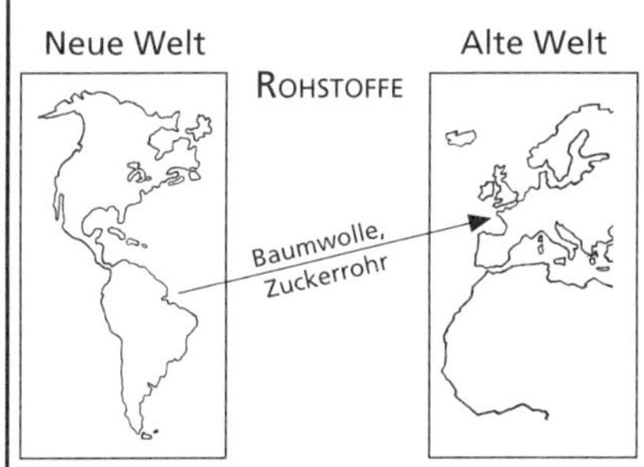

aus Amerika:
Baumwolle – Zuckerrohr

Kartoffeln, Tomaten, Paprika

Missionierung zum christlichen Glauben

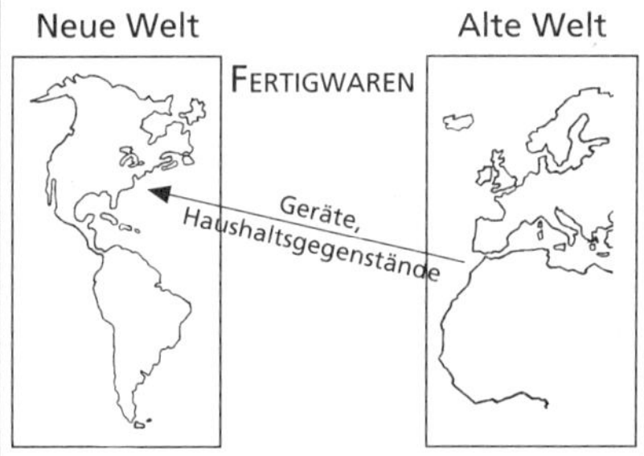

aus Europa:
Geräte – Haushaltsgegenstände

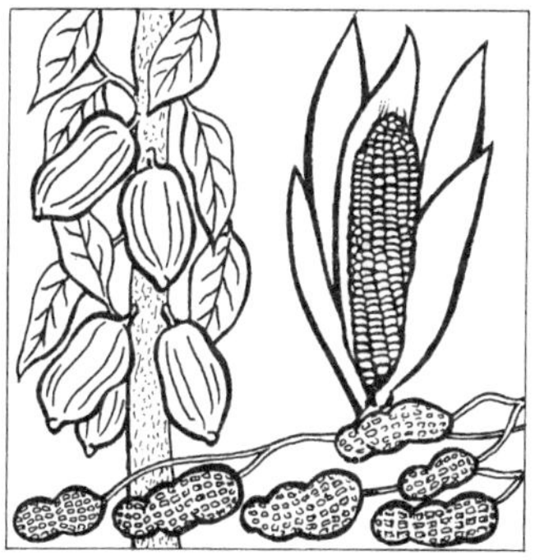

Kakao, Erdnüsse, Mais

Ausrottung der Indios durch Krankheiten

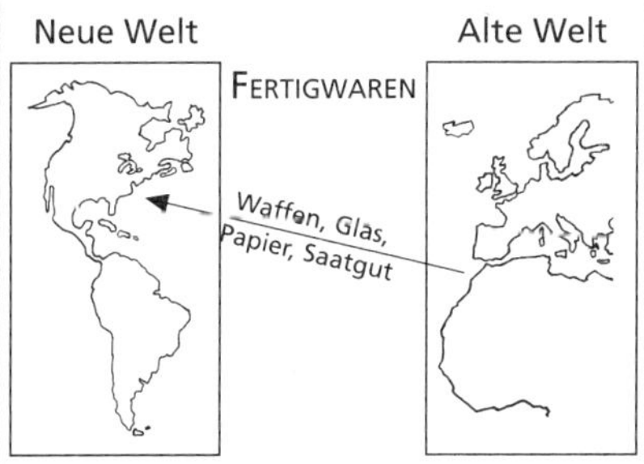

aus Europa:
Waffen – Glas – Papier – Saatgut

Ananas, Erdbeeren, Avocado

M 16

Bildkarten zum Memoryspiel – IV

Kaffee und Zuckerrohr

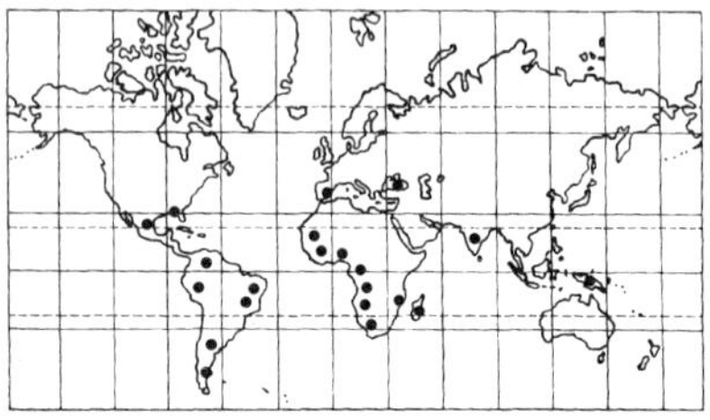
Spanien und Portugal

Córdoba
1517

Pferde und Federvieh

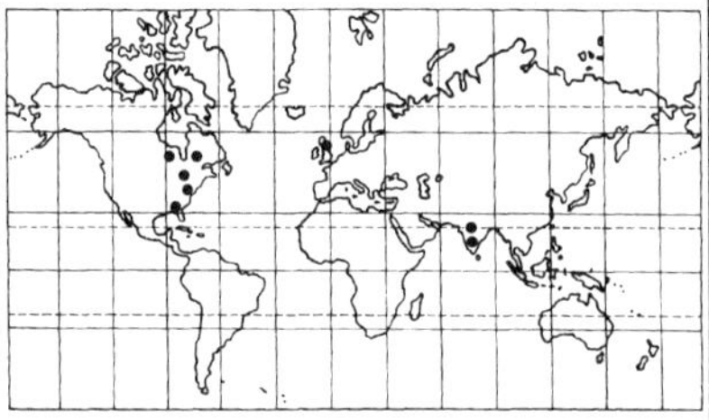
England

Cortez
1519-21

Obst und Gemüse

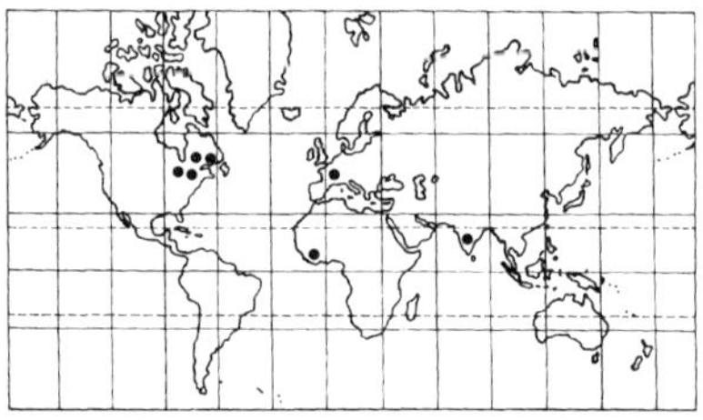
Frankreich

Pizarro
1525-35

Getreidearten

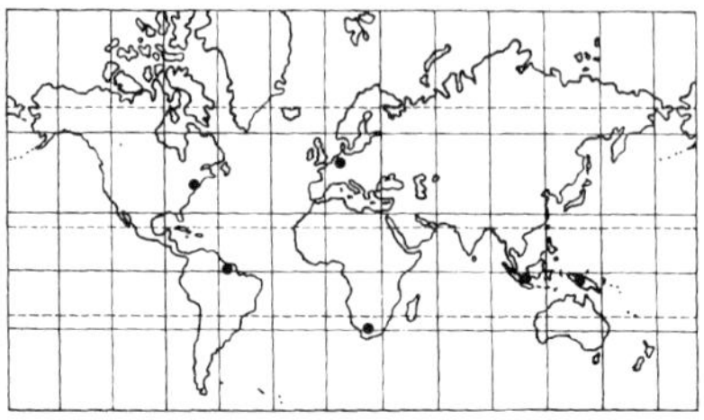
Niederlande

de las Casas
1519

M 17

Textkarten zum Memoryspiel – A

Altes Weltbild, geozentrisch

- **Die Erde ist eine Scheibe**
- Es gibt drei Kontinente auf der Erde
- Die Erde ist der Mittelpunkt der Welt
- Alle Himmelskörper drehen sich um die Erde

Neues Weltbild, heliozentrisch

- **Die Erde ist eine Kugel**
- Die Erde kreist um die Sonne
- Die Erde ist ein Planet von vielen
- Die Sonne ist der Mittelpunkt unseres Planetensystems

Altes Weltbild, geozentrisch

- Die Erde ist eine Scheibe
- **Es gibt drei Kontinente auf der Erde**
- Die Erde ist der Mittelpunkt der Welt
- Alle Himmelskörper drehen sich um die Erde

Neues Weltbild, heliozentrisch

- Die Erde ist eine Kugel
- **Die Erde kreist um die Sonne**
- Die Erde ist ein Planet von vielen
- Die Sonne ist der Mittelpunkt unseres Planetensystems

Altes Weltbild, geozentrisch

- Die Erde ist eine Scheibe
- Es gibt drei Kontinente auf der Erde
- **Die Erde ist der Mittelpunkt der Welt**
- Alle Himmelskörper drehen sich um die Erde

Neues Weltbild, heliozentrisch

- Die Erde ist eine Kugel
- Die Erde kreist um die Sonne
- **Die Erde ist ein Planet von vielen**
- Die Sonne ist der Mittelpunkt unseres Planetensystems

Altes Weltbild, geozentrisch

- Die Erde ist eine Scheibe
- Es gibt drei Kontinente auf der Erde
- Die Erde ist der Mittelpunkt der Welt
- **Alle Himmelskörper drehen sich um die Erde**

Neues Weltbild, heliozentrisch

- Die Erde ist eine Kugel
- Die Erde kreist um die Sonne
- Die Erde ist ein Planet von vielen
- **Die Sonne ist der Mittelpunkt unseres Planetensystems**

Unbekannte Erdteile um 1490

- **Nordamerika**
- Südamerika
- Australien
- Antarktis (Südpol)

Unbekannte Erdteile um 1490

- Nordamerika
- Südamerika
- **Australien**
- Antarktis (Südpol)

Unbekannte Erdteile um 1490

- Nordamerika
- **Südamerika**
- Australien
- Antarktis (Südpol)

Unbekannte Erdteile um 1490

- Nordamerika
- Südamerika
- Australien
- **Antarktis (Südpol)**

M 18

Textkarten zum Memoryspiel – B

Wichtige Erfindungen

- **Schießpulver – Berthold Schwarz um 1410**
- Buchdruck – Johannes Gutenberg um 1436
- erster Globus – Martin Behaim 1492
- Taschenuhr – Peter Henlein 1510

Große Entdecker und Seefahrer

- **Bartolomëu Diaz um 1450–1500**
- Christoph Kolumbus 1451–1506
- Vasco da Gama um 1460–1524
- Fernando Magellan 1480–1521

Wichtige Erfindungen

- Schießpulver – Berthold Schwarz um 1410
- **Buchdruck – Johannes Gutenberg um 1436**
- erster Globus – Martin Behaim 1492
- Taschenuhr – Peter Henlein 1510

Große Entdecker und Seefahrer

- Bartolomëu Diaz um 1450–1500
- **Christoph Kolumbus 1451–1506**
- Vasco da Gama um 1460–1524
- Fernando Magellan 1480–1521

Wichtige Erfindungen

- Schießpulver – Berthold Schwarz um 1410
- Buchdruck – Johannes Gutenberg um 1436
- **erster Globus – Martin Behaim 1492**
- Taschenuhr – Peter Henlein 1510

Große Entdecker und Seefahrer

- Bartolomëu Diaz um 1450–1500
- Christoph Kolumbus 1451–1506
- Vasco da Gama um 1460–1524
- **Fernando Magellan 1480–1521**

Wichtige Erfindungen

- Schießpulver – Berthold Schwarz um 1410
- Buchdruck – Johannes Gutenberg um 1436
- erster Globus – Martin Behaim 1492
- **Taschenuhr – Peter Henlein 1510**

Große Entdecker und Seefahrer

- Bartolomëu Diaz um 1450–1500
- Christoph Kolumbus 1451–1506
- **Vasco da Gama um 1460–1524**
- Fernando Magellan 1480–1521

Wichtige Entdeckungsreisen

- **1487/88 Umsegelung der Südspitze Afrikas**
- 1492 Entdeckung Amerikas
- 1498 Östlicher Seeweg nach Indien
- 1519/21 Erste Weltumsegelung

Wichtige Entdeckungsreisen

- 1487/88 Umsegelung der Südspitze Afrikas
- **1492 Entdeckung Amerikas**
- 1498 Östlicher Seeweg nach Indien
- 1519/21 Erste Weltumsegelung

Wichtige Entdeckungsreisen

- 1487/88 Umsegelung der Südspitze Afrikas
- 1492 Entdeckung Amerikas
- **1498 Östlicher Seeweg nach Indien**
- 1519/21 Erste Weltumsegelung

Wichtige Entdeckungsreisen

- 1487/88 Umsegelung der Südspitze Afrikas
- 1492 Entdeckung Amerikas
- 1498 Östlicher Seeweg nach Indien
- **1519/21 Erste Weltumsegelung**

M 19

Textkarten zum Memoryspiel – C

Folgen der Entdeckungen: Kolonialismus

- **Eroberungskriege, Raub von Gold und Silber**
- Sklavenhandel, Massensterben der Schwarzen
- Ausrottung der Indios durch Krankheiten
- Missionierung zum christlichen Glauben

Überseehandel zwischen Amerika und Europa

• **Rohstoffe aus Amerika**	**Tabak – Kakao – Silber** Baumwolle – Zuckerrohr
• Fertigwaren aus Europa	Waffen – Glas – Papier – Saatgut – Geräte – Haushaltsgegenstände

Folgen der Entdeckungen: Kolonialismus

- Eroberungskriege, Raub von Gold und Silber
- **Sklavenhandel, Massensterben der Schwarzen**
- Ausrottung der Indios durch Krankheiten
- Missionierung zum christlichen Glauben

Überseehandel zwischen Amerika und Europa

• **Rohstoffe aus Amerika**	Tabak – Kakao – Silber **Baumwolle – Zuckerrohr**
• Fertigwaren aus Europa	Waffen – Glas – Papier – Saatgut – Geräte – Haushaltsgegenstände

Folgen der Entdeckungen: Kolonialismus

- Eroberungskriege, Raub von Gold und Silber
- Sklavenhandel, Massensterben der Schwarzen
- **Ausrottung der Indios durch Krankheiten**
- Missionierung zum christlichen Glauben

Überseehandel zwischen Amerika und Europa

• Rohstoffe aus Amerika	Tabak – Kakao – Silber Baumwolle – Zuckerrohr
• **Fertigwaren aus Europa**	Waffen – Glas – Papier – Saatgut – **Geräte – Haushaltsgegenstände**

Folgen der Entdeckungen: Kolonialismus

- Eroberungskriege, Raub von Gold und Silber
- Sklavenhandel, Massensterben der Schwarzen
- Ausrottung der Indios durch Krankheiten
- **Missionierung zum christlichen Glauben**

Überseehandel zwischen Amerika und Europa

• Rohstoffe aus Amerika	Tabak – Kakao – Silber Baumwolle – Zuckerrohr
• **Fertigwaren aus Europa**	**Waffen – Glas – Papier – Saatgut –** Geräte – Haushaltsgegenstände

Unbekannte Waren von Amerika nach Europa

- **Kautschuk, Tabak, Indigo**
- Kartoffeln, Tomaten, Paprika
- Ananas, Erdbeeren, Avocado
- Kakao, Erdnüsse, Mais

Unbekannte Waren von Amerika nach Europa

- Kautschuk, Tabak, Indigo
- **Kartoffeln, Tomaten, Paprika**
- Ananas, Erdbeeren, Avocado
- Kakao, Erdnüsse, Mais

Unbekannte Waren von Amerika nach Europa

- Kautschuk, Tabak, Indigo
- Kartoffeln, Tomaten, Paprika
- **Ananas, Erdbeeren, Avocado**
- Kakao, Erdnüsse, Mais

Unbekannte Waren von Amerika nach Europa

- Kautschuk, Tabak, Indigo
- Kartoffeln, Tomaten, Paprika
- Ananas, Erdbeeren, Avocado
- **Kakao, Erdnüsse, Mais**

Textkarten zum Memoryspiel – D

Zerstörte Hochkulturen in Lateinamerika

- **1517 Fernando Córdoba landet im Reich der Maya (Mittelamerika)**
- 1519–21 Cortez erobert und vernichtet das Reich der Azteken in Mexiko
- 1525–35 Pizarro erobert und zerstört das Inkareich in Peru (Südamerika)
- 1519 Bartolomeo de las Casas (Mönch) klagt die Ausbeutung der Indios an

Bedeutende Kolonialmächte im 16. und 17. Jahrhundert

- **Spanien und Portugal: Mittel- und Südamerika, Philippinen, Küstenstreifen in Afrika**
- England: Nordamerika, Indien
- Frankreich: Nordamerika, Indien, West-Afrika
- Niederlande: Indonesien, Südafrika, Südamerika

Zerstörte Hochkulturen in Lateinamerika

- 1517 Fernando Córdoba landet im Reich der Maya (Mittelamerika)
- **1519–21 Cortez erobert und vernichtet das Reich der Azteken in Mexiko**
- 1525–35 Pizarro erobert und zerstört das Inkareich in Peru (Südamerika)
- 1519 Bartolomeo de las Casas (Mönch) klagt die Ausbeutung der Indios an

Bedeutende Kolonialmächte im 16. und 17. Jahrhundert

- Spanien und Portugal: Mittel- und Südamerika, Philippinen, Küstenstreifen in Afrika
- **England: Nordamerika, Indien**
- Frankreich: Nordamerika, Indien, West-Afrika
- Niederlande: Indonesien, Südafrika, Südamerika

Zerstörte Hochkulturen in Lateinamerika

- 1517 Fernando Córdoba landet im Reich der Maya (Mittelamerika)
- 1519–21 Cortez erobert und vernichtet das Reich der Azteken in Mexiko
- **1525–35 Pizarro erobert und zerstört das Inkareich in Peru (Südamerika)**
- 1519 Bartolomeo de las Casas (Mönch) klagt die Ausbeutung der Indios an

Bedeutende Kolonialmächte im 16. und 17. Jahrhundert

- Spanien und Portugal: Mittel- und Südamerika, Philippinen, Küstenstreifen in Afrika
- England: Nordamerika, Indien
- **Frankreich: Nordamerika, Indien, West-Afrika**
- Niederlande: Indonesien, Südafrika, Südamerika

Zerstörte Hochkulturen in Lateinamerika

- 1517 Fernando Córdoba landet im Reich der Maya (Mittelamerika)
- 1519–21 Cortez erobert und vernichtet das Reich der Azteken in Mexiko
- 1525–35 Pizarro erobert und zerstört das Inkareich in Peru (Südamerika)
- **1519 Bartolomeo de las Casas (Mönch) klagt die Ausbeutung der Indios an**

Bedeutende Kolonialmächte im 16. und 17. Jahrhundert

- Spanien und Portugal: Mittel- und Südamerika, Philippinen, Küstenstreifen in Afrika
- England: Nordamerika, Indien
- Frankreich: Nordamerika, Indien, West-Afrika
- **Niederlande: Indonesien, Südafrika, Südamerika**

Neue Waren von Europa nach Amerika

- **Kaffee, Zuckerrohr**
- Pferde, Federvieh
- Obst, Gemüse
- Getreidearten

Neue Waren von Europa nach Amerika

- Kaffee, Zuckerrohr
- Pferde, Federvieh
- **Obst, Gemüse**
- Getreidearten

Neue Waren von Europa nach Amerika

- Kaffee, Zuckerrohr
- **Pferde, Federvieh**
- Obst, Gemüse
- Getreidearten

Neue Waren von Europa nach Amerika

- Kaffee, Zuckerrohr
- Pferde, Federvieh
- Obst, Gemüse
- **Getreidearten**

M 1 Inspektion Friedrichs II. in einer preußischen Wollmanufaktur

M 2 Der König

Du bist der **preußische König, Friedrich der Große**. Du besuchst heute eine Wollspinnerei. Du mußt dafür Sorge tragen, daß jede Manufaktur möglichst gute Produktionsergebnisse bringt. Davon hängt das wirtschaftliche Wohlergehen des ganzen Staates ab. Wollstoffe werden in großen Mengen benötigt, denn alle Soldaten der preußischen Armee (ca. 180 000 Mann) sollen jedes Jahr mit einer neuen Uniform ausgestattet werden.
Du siehst es als eine beachtliche Leistung an, was deine Untertanen als Wollspinnerinnen und Tuchmacher zustande bringen. Zusätzliche Stoffe aus dem Ausland, z. B. aus Holland oder England kann sich der Staat deiner Meinung nach gar nicht leisten, das würde unnötig viel Geld kosten. Also versuchst du, der Wollspinnerin ________________ klarzumachen, wie wichtig ihre Arbeit ist und daß sie ihr Bestes geben muß. Für Schlamperei oder Trägheit am Arbeitsplatz hast du kein Verständnis. Denke daran, wenn du das Gespräch führst! Stelle der Frau für dich wichtige Fragen, du willst viele Dinge ganz genau von ihr wissen. Wie schätzt du diese Arbeiterin ein? Hältst du sie für fleißig, ordentlich und gewissenhaft? Hat sich der Manufakturbesitzer über sie geäußert? Gilt ihre Meinung etwas bei den anderen Wollspinnerinnen in der Manufaktur?
Beginne nun, mit deiner Nachbarin das Gespräch aufzuschreiben!

M 3 Die Wollspinnerin

Du bist ____________________ (Name eintragen!). Stell dir vor, du hast um 1770 in Preußen gelebt. Wie siehst du aus? Welche Kleidung trägst du? Wie fühlt sich dein Körper an, deine Hände, dein Rücken, deine Beine?
Du siehst den König so dicht bei dir stehen, was denkst du? Bist du ängstlich, kritisch, zurückhaltend oder angriffslustig, vorwurfsvoll…? Welche Gefühle spürst du in dir?
Hast du eine Familie, Kinder…? Was macht dein Mann?
Was liegt hinter dir (gestern, vorgestern)? Was erwartet dich morgen, nächste Woche…?
Was möchtest du dem König sagen, was darf er nicht wissen?
Was denkst du über deinen „Chef", den Manufakturbesitzer? Wie ergeht es dir mit deinen „Kolleginnen", den anderen Spinnerinnen in der Manufaktur?
Äußere alle deine Gedanken in dem Gespräch mit dem König!
Beginne nun, mit deinem Nachbarn das Gespräch aufzuschreiben!

M 1

Fragen und Antworten zur Französischen Revolution 1–4

F 1

Die drei Stände in Frankreich um 1789. Ordne folgende Begriffe richtig zu.

die reichen Bürger
die Geistlichkeit
das „gemeine Volk"
die Adligen

1. Stand
2. Stand
3. Stand

A 1

1. Stand = die Geistlichkeit (Klerus)
2. Stand = die Adligen
3. Stand = die reichen Bürger, das „gemeine Volk"

F 2

Worin bestanden die Ungerechtigkeiten zwischen den Ständen?

A 2

a) Obwohl der erste und zweite Stand (also die Geistlichen und Adligen) nur 2% der Gesamtbevölkerung in Frankreich ausmachten, besaßen sie ca. 75% des Grundbesitzes.

b) Die Angehörigen des ersten und zweiten Standes besaßen zusätzlich zwei wichtige Privilegien (= Vorrechte): sie brauchten so gut wie keine Steuern zu zahlen und hatten fast alle hohen Stellen beim Staat und in der Kirche inne.

F 3

Warum waren die Angehörigen des dritten Standes so verbittert?

A 3

a) Die Bürger in den Städten mußten hohe Steuern zahlen, hatten aber keinerlei politisches Mitspracherecht.

b) Die Bauern wurden durch Kirche und Staat so ausgebeutet, daß sie kaum die eigene Familie ernähren konnten.

F 4

Warum war Ludwig XVI. 1789 genötigt, die Generalstände (die seit über 150 Jahren nicht mehr getagt hatten) einzuberufen?

A 4

Durch kostspielige Kriege und die Verschwendungssucht in Versailles war Frankreich hoch verschuldet. Die Steuern sollten deshalb erhöht werden.

M 2

Fragen und Antworten zur Französischen Revolution 5–8

F 5

Welche politischen Forderungen stellte der dritte Stand in der Versammlung der Generalstände 1789?

A 5

Die Angehörigen des dritten Standes forderten die Gleichberechtigung mit dem ersten und zweiten Stand; d. h. gleiches Recht und gleiches Gesetz für alle. Streit gab es um das Abstimmungsverfahren. Nicht nach „Ständen", sondern nach „Köpfen" sollte abgestimmt werden.

F 6

Was passierte, nachdem der König (Ludwig XVI.) die Forderungen des dritten Standes abgelehnt hatte?

A 6

Die Vertreter des dritten Standes verließen die Ständeversammlung, zogen ins nahe gelegene Ballhaus und erklärten: „Wir sind die wahren Vertreter des Volkes. Wir sind die *Nationalversammlung* !"

F 7

Nachdem der König Soldaten aufmarschieren ließ, brach im ganzen Land großer Aufruhr los.
Welches Ereignis gilt als der Beginn der Französischen Revolution?

A 7

Die Erstürmung der Bastille (Staatsgefängnis in Paris) am 14. Juli 1789!

F 8

Nenne drei wichtige Beschlüsse der *Nationalversammlung*!

A 8

a) Alle Vorrechte (= Privilegien) des ersten und zweiten Standes wurden aufgehoben.
b) Die „Allgemeinen Menschenrechte" nach dem Vorbild der USA wurden verkündet.
c) Die Gewaltenteilung sollte eingeführt werden.

M 3

Fragen und Antworten zur Französischen Revolution 9–12

F 9

Die Aufhebung der Privilegien (= Vorrechte) umfaßte 150 Punkte.
Nenne vier Bestimmungen, die für die Bauern in Frankreich besonders wichtig waren.

A 9

a) die Aufhebung der Leibeigenschaft
b) die Aufhebung der Frondienste
c) die Aufhebung der Zehntabgabe
d) die Aufhebung der Gerichtsbarkeit durch die Grundherren

F 10

Nenne drei wichtige Beispiele aus den „Allgemeinen Menschenrechten".

A 10

a) Alle Menschen sind und bleiben von Geburt an frei.
b) Die Freiheit besteht darin, alles tun zu können, was einem anderen nicht schadet.
c) Die freie Mitteilung der Gedanken und Meinungen ist eines der kostbarsten Menschenrechte (= politische Freiheit).

F 11

Welche Regierungsform wurde durch die politische Umwälzung abgeschafft, welche *neu* übernommen?

A 11

Der Absolutismus wurde abgeschafft, die demokratische Regierungsform sollte neu übernommen werden (nach dem Vorbild der USA).
Jetzt war der Staat nicht mehr Sache des Herrschers, sondern des ganzen Volkes.

F 12

Wie wurde die Revolution gegenüber den Nachbarstaaten Frankreichs verteidigt?

A 12

Als Österreich und Preußen die französische Revolution durch militärische Gewalt niederschlagen wollten, griffen Freiwillige in ganz Frankreich zu den Waffen und kämpften erfolgreich für „*Freiheit, Gleichheit und Brüderlichkeit*"!

M 4

Fragen und Antworten zur Französischen Revolution 13–16

F 13

Beschreibe das Schicksal der Königin und des Königs während der Revolution.

A 13

Der König und seine Familie (Ludwig XVI. und Marie Antoinette) wollten ins Ausland fliehen, wurden aber ertappt, wegen Hochverrats vor Gericht gestellt und zum Tode auf dem Schafott verurteilt.

F 14

Wer sind die *Radikalen* in der Nationalversammlung?

A 14

Es waren die „Jakobiner", sie nannten sich „Freunde des Volkes".
Während des Revolutionskrieges gegen die deutschen Fürsten rissen sie die Macht an sich. Sie bildeten den allmächtigen *Wohlfahrtsausschuß*, der aber bald starken Terror innerhalb der Bevölkerung ausübte.

F 15

Nenne drei wichtige Vertreter der „Jakobiner".

A 15

a) Robespierre
b) Danton
c) Marat

F 16

Die Zeit von 1793 bis 1794 nannte man die „Schreckensherrschaft". Was heißt das?

A 16

Robespierre nutzte die Bedrohung des Landes durch Krieg, Hunger, Inflation und Arbeitslosigkeit aus. Er und seine Anhänger unterdrückten die neu gewonnene Freiheit, verletzten die Menschenrechte und ließen Tausende von Menschen durch die Guillotine (= Fallbeil) hinrichten.

M 5

Fragen und Antworten zur Französischen Revolution 17–20

F 17

Wer war Olympe de Gouches?

A 17

Sie war eine Schriftstellerin zur Zeit der Französischen Revolution und setzte sich für die Rechte der Frauen ein. Dafür mußte sie 1793 auf dem Schafott sterben.

F 18

Welche neue Staatsform setzte sich nach Beendigung der Monarchie in Frankreich durch?

A 18

Die Republik!

F 19

Es gab zwei große Abschnitte während der Zeit der Französischen Revolution. Beschreibe sie kurz.

A 19

1789–1792	der Sturz des königlichen Absolutismus und die Errichtung der Republik
1792–1799	der Terror der Schreckensherrschaft und die Zeit der allmählichen Beruhigung (ab 1794)

Die Revolutionszeit dauerte etwa 10 Jahre.

F 20

Nenne das wichtigste Datum aus der Zeit der Französischen Revolution.
Welches war das typische Zeichen der Revolution?

A 20

a) der Sturm auf die Bastille am 14. Juli 1789 (bis heute Nationalfeiertag in Frankreich)
b) die Trikolore (blau-weiß-rote Fahne)
➜ bis heute die Nationalflagge Frankreichs

M 1 Heinrich Hoffmann, Bauer

Du bist der Bauer Heinrich Hoffmann. Du hast zwei große Söhne (Philipp, 15 Jahre alt und Willi, 13 Jahre alt) und zwei kleinere Töchter (Else, elf Jahre alt und Johanna, zehn Jahre alt).
Du hast seit Jahren mit deiner Frau und den Kindern hart auf dem Bauernhof gearbeitet. Das Leben hat dir nichts geschenkt. Ständig lebst du in der Angst, daß die Ernte schlecht ausfallen könnte und du damit nicht in der Lage wärst, deine Abgaben rechtzeitig beim Gutsherrn zu entrichten. Der kennt nämlich keine Gnade!
Wer von seinen Bauern nicht zahlen kann, landet im Gefängnis. Oder wenn deine Kinder bei der Kartoffelernte nicht schnell genug arbeiten, dann kommt der Gutsverwalter und versucht sie durch wüste Beschimpfungen anzutreiben. Manchmal schlägt er sogar zu.
Alle Bauern sind, wie du, in der Gewalt des Gutsbesitzers und haben selbst nichts zu melden.
Doch nun gibt es die neuen Gesetze in Preußen. Da steht drin, daß ab sofort alle Bauern frei und unabhängig sind und auch keine Abgaben und Dienste mehr leisten müssen. Der ehemalige Minister, der Freiherr von Stein und auch sein Nachfolger, ein gewisser Herr von Hardenberg, die meinen es wirklich gut mit den armen Bauern. Du bist voll des Lobes, wenn die Rede auf die Politiker kommt.
Heute, an einem Tag im September 1811, kommt plötzlich der Gutsverwalter auf den Hof. Der will doch tatsächlich wie in alten Zeiten fünf Säcke Korn bei dir abholen. Du weißt genau, daß das gegen das neue Gesetz ist. Du bist ganz aufgebracht und teilst dem Verwalter mit, wie unverschämt sein Verhalten sei.
Der preußische König (Friedrich Wilhelm III.) habe neue Gesetze erlassen, und er solle sich gefälligst daran halten.
Wenn der Verwalter sich nicht beeindrucken läßt, dann zählst du ihm im einzelnen auf, was in den neuen Gesetzen drinsteht:

1. Alle Abgaben und Frondienste sind für die Bauern abgeschafft worden.
2. Der Gutsherr hat nicht mehr das Recht, über dich und deine Familie zu bestimmen. Wenn z. B. dein ältester Sohn heiraten will, dann braucht er nicht mehr den Gutsherrn um Erlaubnis zu fragen.
3. Wenn du willst, kannst du sogar den Bauernhof mit der ganzen Familie verlassen und in die Stadt ziehen.

Auch wenn der Verwalter dich noch so sehr einzuschüchtern versucht, gibst du nicht klein bei, sondern weist ihn zuguterletzt von „deinem" Hof. Denn durch die neuen Gesetze ist der Bauernhof dein eigener Besitz.
Wenn der Gutsverwalter endlich weg ist, gehst du zurück ins Haus. Es gibt gerade Mittagessen und du setzt dich mit deiner Familie zu Tisch. Du bist noch ganz verärgert von der Auseinandersetzung mit dem Gutsverwalter.
Du weißt nicht mehr ein noch aus. Kann man sich nun auf die neuen Gesetze verlassen oder nicht? Ist es nicht besser, alles hinzuschmeißen und in die Stadt zu gehen, um dort seinen Lebensunterhalt zu verdienen?
Du teilst deiner Familie mit, wie ratlos du bist.
Doch deine Kinder muntern dich wieder auf. Sie sind voller neuer Ideen für die Zukunft.
Höre dir genau an, was sie alles geplant haben und nimm Stellung zu ihren Vorschlägen.
Überlege dir, ob du deinen Hof weiterhin bewirtschaften willst oder nicht. Sprich darüber mit deiner Familie und entscheide dich.

M 2 Johanna Hoffmann, jüngste Tochter

Du bist Johanna, die jüngste Tochter des Bauern Heinrich Hoffmann. Du bist zehn Jahre alt und hast noch drei Geschwister, zwei große Brüder, Philipp (15 Jahre alt) und Willi (13 Jahre alt) und eine ältere Schwester, die elf Jahre alt ist und Else heißt.
Du bist also das Nesthäkchen in der Familie und willst immer auch das machen, was deine ältere Schwester macht. Sie ist dein großes Vorbild. Beim Gespräch am Mittagstisch hörst du dir genau an, was die einzelnen Personen (Vater, Mutter, Großvater, Philipp, Willi und Johanna) sagen und immer, wenn du meinst, du könntest auch deine Meinung äußern, dann machst du dich bemerkbar und sagst, was du denkst.
Denke daran, daß du erst zehn Jahre alt bist und noch nicht alles verstehst, was am Tisch gesprochen wird. Du solltest also jederzeit Fragen stellen, wenn dir etwas unklar ist.

M 3 Katharina Hoffmann, Bäuerin

Du bist die Bäuerin Katharina Hoffmann. Du hast vier Kinder, zwei Söhne (Philipp, 15 Jahre und Willi, 13 Jahre) und zwei kleinere Mädchen (Else, elf Jahre und Johanna, zehn Jahre).
Du hast seit Jahren mit deinem Mann und den Kindern hart und ohne Klagen auf dem Bauernhof gearbeitet. In letzter Zeit kommt es wieder besonders häufig vor, daß die Bauern vier bis fünf Tage in der Woche auf den Feldern des Gutsherrn arbeiten müssen, selbstverständlich ohne jeden Lohn. Dabei wäre es genauso wichtig, die eigenen Rübenfelder abzuernten. Aber dafür bleibt nur wenig Zeit. Das Dreschen des Weizens im Sommer beginnt gegen ein Uhr in der Nacht, weil man am Tage wieder auf dem Herrenhof arbeiten muß.
So ist dein Leben eine einzige Schufterei. Trotz aller Mühe willst du dich aber nicht beklagen. Solange es zum Sattwerden reicht, bist du mit dir und der Welt zufrieden. Die Hauptmahlzeit am Tag besteht bei euch meist aus Buttermilch und Schwarzbrot oder einer Suppe, nur sonntags gibt es manchmal Rüben und Speck mit Kartoffeln.
Mit dem Gutsherrn hast du bisher keine Schwierigkeiten gehabt. Wenn man sich gut mit ihm stellt, d. h. seine Anweisungen ohne Widerspruch befolgt, dann kann man es mit ihm aushalten. Im letzten Jahr, als die Kartoffelernte so schlecht war, hat er dir und deiner Familie sogar zwei Zentner Kartoffeln überlassen, damit ihr über Winter nicht hungern mußtet. Das wirst du ihm nie vergessen.
Heute, als der Gutsverwalter kam, um die fünf Säcke Korn, wie jedes Jahr im September, abzuholen, hat sich dein Mann furchtbar aufgeregt. Du hast schreckliche Angst bekommen, daß der Verwalter zornig werden würde, und er eventuell mit Gewalt in die Scheune eindringen könnte. Deshalb bist du der Meinung, daß man dem Gutsbesitzer weiterhin die Abgaben belassen soll. Denn dir ist es wichtiger, daß es auf dem Bauernhof friedlich zugeht.
Du hast zwar auch von den neuen Gesetzen gehört, aber die sind dir eigentlich nicht so wichtig. Du versuchst, deinen Mann zu überreden, alles beim alten zu lassen und dem Gutsverwalter das Korn zu schicken.
Wenn deine Kinder beim Mittagstisch anfangen, von ihren Zukunftsplänen zu berichten, versuchst du, ihnen den „modernen Kram“ auszureden. Du bist auf keinen Fall damit einverstanden, daß deine Kinder in die Stadt gehen, um dort einen Beruf zu lernen. Wer weiß, was dort alles passieren kann, wenn sie in fremder Umgebung alleine sind.
Du kannst dir also überhaupt nicht vorstellen, daß sich das Leben auf dem Bauernhof irgendwie ändern könnte.
Zu Beginn des Spiels schmeckst du am Herd die Suppe ab, nimmst dann den Topf vom Feuer und stellst ihn in die Mitte des Tisches. Deine Tochter Else hat gerade die Teller aufgedeckt. Du wünschst guten Appetit und setzt dich zum Essen nieder. Dein Platz ist neben dem deines Mannes.

M 4 Else Hoffmann, älteste Tochter

Du bist Else Hoffmann, die ältere Tochter des Bauern Heinrich Hoffmann. Du bist elf Jahre alt und hast noch drei Geschwister, zwei Brüder, Philipp (15 Jahre alt) und Willi (13 Jahre alt) und eine kleine Schwester Johanna, zehn Jahre alt.
Du hast mitbekommen, daß der Gutsverwalter heute morgen da war und deinen Vater heftig beschimpft hat. Doch dein Vater hat seinen Standpunkt behauptet und nicht klein beigegeben. Um was es da ging, weißt du gar nicht genau.
Am Mittagstisch hörst du von Willi, daß er bald in die Stadt will, um dort einen Beruf (Hufschmied) zu erlernen. Da wirst du ganz neugierig und fängst an, deine Mutter und deinen Vater zu „bearbeiten“, daß du, wenn du groß bist, auch in die Stadt möchtest. Du stellst dir vor, du könntest in einer reichen Familie als Dienstmädchen angestellt werden. Dann würdest du dein eigenes Geld verdienen, könntest dir tolle Kleider kaufen und damit den jungen Burschen in der Stadt gefallen.
In der Dorfschule bist du eine der besten Schülerinnen. Du bekommst sicherlich ein gutes Zeugnis, wenn du die Schule verläßt und hast dadurch Chancen, eine Stellung in der Stadt zu finden. Kochen und Putzen hast du zu Hause bei der Mutter gelernt. Deine Aufgabe im Spiel ist es also, immer wieder neue Gründe zu finden, um von den Eltern die Erlaubnis zu bekommen, später in die Stadt gehen zu dürfen. Denke daran, die Erlaubnis benötigst du unbedingt; ohne sie können deine Wunschträume nicht in Erfüllung gehen.
Bevor das Gespräch beim Mittagessen beginnt, deckst du den Tisch. Deine Mutter ist noch mit der Suppe am Herd beschäftigt.

M 5 Philipp Hoffmann, ältester Sohn

Du bist Philipp, der älteste Sohn (15 Jahre alt) des Bauern Heinrich Hoffmann. Heute ist der 18. September 1811. Die ganze Familie (dein Vater, deine Mutter, der Großvater, dein jüngerer Bruder Willi [13 Jahre] und deine beiden kleinen Schwestern [Else, elf Jahre und Johanna, zehn Jahre]) sitzt gerade am Mittagstisch.
Du findest es toll, wie dein Vater dem unfreundlichen Gutsverwalter die Meinung gesagt hat. Die Zeiten sind jetzt vorbei, wo man die Bauern knechten kann wie das liebe Vieh. Dafür gibt es nun das „Oktoberedikt", in dem drinsteht, daß es nach dem 11. November 1810 (Martinitag) nur noch freie Bauern gibt. Die jährlichen Abgaben sind abgeschafft und jeder Bauer kann jetzt für den eigenen Bedarf wirtschaften.
Du bestürmst deinen Vater, daß er einen Vertrag abschließen solle mit dem Gutsherrn, in dem schriftlich festgelegt wird, daß der Bauernhof mit allem Ackerland Eigentum des Bauern Heinrich Hoffmann ist. Außerdem muß darin bestätigt werden, daß dein Vater keine Frondienste mehr zu leisten hat. Im Frühjahr mußte er noch mit seinem Pferdefuhrwerk für den Gutsherrn Steine und Kies aus der Stadt herbeischaffen. Jetzt darf das kein Adliger mehr verlangen.
Leider steht auch in den neuen Gesetzen, daß jeder Bauer dem Gutsherrn ein gehöriges Stück Land (nämlich ein Drittel des Ackerlandes) abtreten muß, sozusagen als Entschädigung für die Freiheit. Nun ja, das ist ja noch einzusehen. Dafür wirst du jetzt dem Vater bei der Arbeit helfen so gut du kannst. Du willst ja den Hof vom Vater übernehmen, deshalb wirst du jetzt ordentlich schuften, Tag und Nacht, wenn es sein muß. Denn nun kommt der Gewinn des Hofes eurer Familie zugute.
Du solltest deinem Vater vorschlagen, noch ein Stück Neuland zu erwerben. Vielleicht könnte man die sumpfige Wiese am Bach trockenlegen und dadurch wieder zu etwas mehr Ackerland kommen.
Du schwärmst also von einer „goldenen Zukunft", denn du bist wirklich froh, daß dein Leben durch die neuen Gesetze viel interessanter sein wird als das deiner Eltern und Großeltern.

M 6 Willi Hoffmann, jüngster Sohn

Du bist Willi Hoffmann, der zweitälteste Sohn (13 Jahre alt) des Bauern Heinrich Hoffmann.
Heute ist Donnerstag, der 18. September 1811. Die ganze Familie (dein Vater, deine Mutter, der Großvater, dein älterer Bruder Philipp [15 Jahre alt] und deine beiden kleineren Schwestern [Else, elf Jahre alt und Johanna, zehn Jahre alt]) sitzt gerade am Mittagstisch.
Du findest es toll, wie dein Vater dem unfreundlichen Gutsverwalter die Meinung gesagt hat. Du mischst dich in das Gespräch beim Mittagessen ein und versuchst deinen Vater zu bestärken, in die Stadt zu gehen. Dir stinkt es schon lange auf dem Bauernhof. In diesem Sommer hast du wieder wochenlang die Kühe auf der Weide hüten müssen, das war entsetzlich langweilig.
Den Gutsherrn kannst du sowieso nicht leiden, der ist immer so herrisch. Als Kind muß man jeden Befehl sofort ausführen. Wenn die Knechte auf dem Hof nicht parieren wie er will, dann greift er nach der Reitpeitsche und schlägt nach ihnen. Und das ist auch noch sein Recht. Doch die Zeiten sind jetzt vorbei. Du erzählst den anderen, daß inzwischen jedes Kind im Dorf Bescheid weiß über die neuen Gesetze. In der Schule hat der Lehrer sogar davon gesprochen. Da steht drin, daß der Gesindezwang für die Bauernkinder aufgehoben sei, also kein Kind müsse mehr unentgeltlich für den Gutsherrn arbeiten. Außerdem habe er auch nicht mehr das Recht, die Leute auf seinem Hof mit Prügelstrafen einzuschüchtern, denn alle Bauern, Knechte und Mägde seien jetzt frei. Die alten Herren sollten sich gefälligst an die neuen Gesetze halten.
Du bestürmst deinen Vater, daß er dir die Erlaubnis gebe, in der Stadt einen Beruf zu erlernen. Du möchtest gerne Schmied werden. Der Paul aus der Nachbarschaft mache das ja auch.
Du sagst deinem Vater, daß du froh darüber bist, daß man jetzt selber einen Beruf aussuchen darf und nicht mehr, wie früher, erst den Gutsherrn fragen muß. Du schwärmst davon, daß du, wenn du erst einmal erwachsen bist, eine eigene Schmiede aufmachen willst. Hufschmied möchtest du werden, denn Pferde gibt es genug bei den Bauern, die müssen ja regelmäßig beschlagen werden. Da kann man bestimmt gutes Geld verdienen.

M 7 Theodor Hoffmann, Großvater

Du bist der Großvater Theodor Hoffmann. Du bist 69 Jahre alt und willst deinen Lebensabend in Frieden verbringen. Dein ganzes Leben lang hast du hart gearbeitet. Der liebe Gott hat dir nichts geschenkt. Du hast oft Zeiten erlebt, in denen du und deine Familie nicht genug zum Essen hatten.
Du bist es gewohnt, nur das zu machen, was der Gutsherr anordnet. Du würdest nie wagen, etwas anderes zu tun. Vor genau 15 Jahren hat dein ältester Sohn den Hof übernommen. Dafür mußtest du aber erst vom Gutsbesitzer die Erlaubnis erhalten.
Du weißt, daß der Gutsbesitzer dir in Notfällen immer helfen wird, denn dazu ist er verpflichtet. Hierfür ein Beispiel: Nachdem der Bauer Berthold im Nachbardorf von seinem Pferd erschlagen worden war, hat sein Gutsherr die Vormundschaft für Frau und Kinder übernommen. Natürlich mußten sie selbst für ihren Lebensunterhalt sorgen. Aber man hat sie nicht weggejagt. Das findest du sehr anständig.
Du willst keine umwälzenden Veränderungen, wie deine Enkelkinder sie sich zusammenspinnen. Deshalb widersprichst du ihnen in allen Punkten, weil du das alles für ausgesprochen Quatsch hältst, was sie erzählen. An die neuen Gesetze glaubst du nicht. Es wird alles beim alten bleiben. Ob der Bauer nun frei ist oder nicht, die Arbeit muß getan werden.
Deinen Sohn verstehst du auch nicht. Wie kann der sich die Frechheit herausnehmen, dem Gutsherrn die Abgaben zu verweigern. Du schimpfst mit ihm und forderst ihn auf, den angerichteten Schaden wieder in Ordnung zu bringen. Er solle in diesem Jahr ruhig einen Sack Korn mehr geben, damit der Friede wieder hergestellt ist.
Ansonsten rauchst du dein Pfeifchen und hoffst, daß die ganze Aufregung bald ein Ende haben wird.

M 8 August, Knecht

Du bist der Knecht August und auf dem Hof des Bauern Heinrich Hoffmann beschäftigt. Du trittst am Ende des Spiels auf.
Du kennst dich besonders gut aus mit dem Fuhrwerk auf dem Bauernhof. Wenn du die Ochsen eingespannt hast, gehst du zum Wohnhaus in die Küche und rufst: „Die Ochsen sind vorgespannt, es kann losgehen!"
(Die Lehrerin/der Lehrer gibt dir ein Zeichen, wenn es soweit ist!)

M 9 Hannes, Gutsverwalter

Du bist der Gutsverwalter Hannes vom Herrenhof des Gutsbesitzers Baron von Sassewitz.
Deine Aufgabe ist es, dafür zu sorgen, daß die Bauern pünktlich ihre Abgaben (Korn, ein Stück Vieh, Hühner, Leinentuch usw.) zahlen, was immer einmal im Jahr an einem bestimmten Tag passiert, z. B. am Martinstag, das ist der 11. November.
Du bist auch dafür verantwortlich, daß die Äcker rechtzeitig bestellt werden. Du hast draußen auf dem Feld Aufsicht zu führen über die erbuntertänigen Bauern und die vielen Knechte und Mägde des Gutshofes. Das faule Gesinde muß manchmal ganz schön angetrieben werden. Besonders im Sommer, wenn die Zeit der Getreideernte kommt, muß die Arbeit früh beginnen. Da fahren die Fuhrwerke bei Morgengrauen los. Trödelnde oder widerspenstige Leute müssen dabei oft durch deine Peitsche zu ihrer Pflicht angehalten werden.
Du mußt dem Gutsherrn regelmäßig Bericht erstatten, ob alles seine rechte Ordnung hat. Wäre er mit dir nicht zufrieden, würde er dich wahrscheinlich entlassen. Heute gehst du zum Bauern Heinrich Hoffmann. Der hat doch tatsächlich sein Korn nicht rechtzeitig abgeliefert. Die Bauernlümmel werden langsam unverschämt, besonders seitdem so oft von diesen neuen Gesetzen die Rede ist. Was da genau drin steht, weißt du gar nicht. Dein Herr hat gesagt, daß alle Gutsbesitzer eine Bittschrift an den König (Friedrich Wilhelm III.) gesandt haben mit der Forderung, daß er die neuen Bestimmungen sofort wieder zurücknehme.
Na ja, bald wird der Spuk vorbei sein und die Bauern werden wieder ihren Pflichten nachkommen. Wenn du also beim Bauern Hoffmann ankommst, klopfst du kräftgig an das Hoftor, stößt es unsanft auf und trittst polternd ein. Du tippst kurz an die Mütze und verkündest mit lauter Stimme, daß der Bauer den Feldzehnt (also die fünf Säcke Korn) abliefern solle, er sei schon seit drei Tagen im Verzug. Du willst die Säcke sofort mitnehmen, Pferd und Wagen stehen auf der Straße. Du hast wenig Zeit, der Bauer soll sich gefälligst beeilen. Du wirst mit allen Mitteln versuchen, den Bauern Hoffmann dazu zu bewegen, seine Abgaben umgehend abzuliefern.

M 1

Die Frage der Koedukation im preußischen Abgeordnetenhaus (1909)

Helene Lange „Die Frau" Juni 1909

Die größte Beredsamkeit entfaltete der Herr Ministerialdirektor Schwartzkopf am 6. und 8. Mai 1909 im preußischen Abgeordnetenhaus aber zur Frage der Koedukation. Er sagte erst das Übliche, Allzubekannte über die verschiedenartige Entwicklung der Geschlechter und erheiterte dann das Hohe Haus mit folgenden, an Sachlichkeit, Überzeugungskraft und pädagogischer Weisheit gleich hochstehenden Ausführungen:

Meine Herren, wir lehnen aber die Koedukation auch mit Rücksicht auf die Knabenanstalten ab. Man muß damit rechnen, daß die Knabenanstalten historisch gewordene Gebilde in Deutschland sind. Will man die Mädchen und die Knaben in dieselben Anstalten setzen, so befürchten wir dadurch eine ungünstige Entwicklung auf die Knabenanstalten (sehr richtig), eine Zurückdrängung der Knaben durch die Mädchen.

Meine Herren, das tritt zunächst einmal in ganz kleinen Äußerungen zutage. Ich habe selbst gelacht als ich in den letzten Tagen in der Zeitung las, daß die jungen Mädchen sehr ägriert darüber waren, daß sie in einzelnen der höheren Lehranstalten nun nicht mit Fräulein angeredet wurden. (Heiterkeit.) Ja, meine Herren, denken Sie sich nun eine Unterprima mit Knaben und Mädchen zusammen. Die Mädchen verlangen hier, mit Fräulein angeredet zu werden. Da ist die Konsequenz, daß Sie unsere Jungens mit Herr anreden. (Große Heiterkeit.) Noch einen Punkt! Ich habe in den letzten Tagen den Bericht eines Provinzialschulrats in Händen gehabt, der die bestehenden gymnasialen und realgymnasialen Kurse genau beobachtet hat. Er lobt sehr den Fleiß der Mädchen und ihre Entwicklung; er sagt aber: es ist nur bedauerlich, daß die Eltern trotz der Schwere der Aufgabe, die den Mädchen gestellt ist, sich nicht entschließen können, davon abzusehen, die Mädchen auf allerlei Vergnügungen, Bälle usw. mitzunehmen. Er sagt: ich habe es wiederholt erlebt, daß die jungen Mädchen, wenn sie die Nacht durchgetanzt haben, am andern Morgen früh acht Uhr in die Schule kommen, sich auf dic Schulbank setzen und dann mit Lateinstudien anfangen. Ja, meine Herren, da schreibt der Korreferent in den Akten daneben: nubendi causa. (Große Heiterkeit.) Natürlich, meine Herren, kein Vater will schließlich darauf verzichten, daß seine Tochter heiratet, wenn sie 18, 19 Jahre alt ist. Daraus ergeben sich Konstellationen, die man für die Knabenanstalten recht schlecht verwerten kann. Stellen Sie sich vor: ein junges Mädchen, das die Nacht hindurch im Ballsaal Triumphe gefeiert hat, erscheint morgens in der Schule. Auf der einen Bank sitzen die Mädchen, auf der anderen die jungen Herren, um den Ausdruck zu gebrauchen. Daß das nicht Gleichartiges ist, das liegt auf der Hand. (Sehr richtig!) Es kommen dadurch Gesichtspunkte in die Schule hinein, die den Knabenanstalten total fernliegen. Unsere jungen Leute werden in einer gewissen Unreife erhalten; sie werden noch nicht auf Gesellschaften mitgenommen, am wenigsten auf Bälle. Wenn das aber nachher Klassengespräch wird, fühlen sich die jungen Herren natürlich zurückgesetzt und kommen in ein gewisses Mißverhältnis; von einem rein kameradschaftlichen Verkehr kann man bei diesen Verhältnissen wirklich nicht reden. Meine Herren, wir haben doch sogar den Fall gelesen, daß ein junges Mädchen ihre Verlobungsanzeige mit dem Titel Unterprimanerin in die Welt schickte. Denken Sie sich diese Klassensituation, wenn das öfter eintritt, wenn die jungen Mädchen ihre Verlobung in der Klasse mitteilen und es den jungen Herren überlassen, ihnen zu gratulieren! (Heiterkeit.) Meine Herren, diese Erfahrungen macht man doch: die jungen Leute fühlen sich den jungen Mädchen gegenüber zurückgedrängt und zurückgesetzt, und, wie ich glaube, mit Recht. (Sehr richtig! rechts.) Zweifellos, meine Herren, würde ich als Lehrer, wenn ich z. B. zwei Bänke zusammen habe, auf der einen sitzt eine Mehrzahl von sehr fähigen, sehr intelligenten und fleißigen jungen Mädchen, mich natürlich lieber mit denen beschäftigen (große Heiterkeit) als mit den Jungen, die doch ein ganz anderes Material darstellen; das sind ja schließlich Äußerlichkeiten. Die Hauptsache bleibt, daß die Mischung von Knaben und Mädchen eine ganz andere Behandlung der Klassenführung anstellen muß usw. Man bringt hier ein Element in unsere Knabenerziehung, das diese umgestalten muß, während die geschichtliche Entwicklung in Deutschland aber eine andere gewesen ist.

Meine Herren, von hier aus ist die Unterrichtsverwaltung zu der Entscheidung gekommen, daß es im Interesse unserer Knabenanstalten nicht gut ist, wenn man die Mädchen in diese Anstalten hineinläßt, sondern besondere Anstalten für sie einrichtet. Das letztere wäre überflüssig, wenn man den Mädchen die Knabenanstalt öffnen wollte.

Aus: Emmy Beckmann, Die Entwicklung der höheren Mädchenbildung in Deutschland von 1870–1914 dargestellt in Dokumenten, Berlin 1936, 173–175.

M 2

Hermann Westhöfer, Direktor einer höheren Lehranstalt für Knaben

Du bist Hermann Westhöfer. Du bist 56 Jahre alt und seit 20 Jahren Schulleiter einer höheren Bildungsanstalt für Knaben. Das ist ein altsprachliches Gymnasium, wo man Latein und Griechisch lernt. Die Schüler machen das Abitur, um später studieren zu können.
Mädchen können diese Schule nicht besuchen. Für sie gibt es die privaten höheren Töchterschulen, wo Eltern aus besseren Kreisen ihre Kinder hinschicken. Allerdings kann man dort nicht die Reifeprüfung ablegen. Du findest das auch nicht nötig, denn es reicht ja wohl, wenn eine höhere Tochter gutes Benehmen, ein wenig Französisch, Klavierspielen und etwas Allgemeinwissen lernt. Die Hauptsache, sie findet später einen standesgemäßen Ehemann und ist durch die Heirat gut versorgt.
Du kannst dir nicht vorstellen, daß Mädchen und Jungen zusammen die gleiche Schulbank drücken. Da gibt es doch tatsächlich Lehrerinnen aus der Frauenbewegung, die solche unrealistischen Forderungen aufstellen. Du siehst darin eine große Gefahr für Sitte und Moral. Außerdem weiß man doch, daß Mädchen eine geringere Intelligenz besitzen als Jungen. Das hat ja nun der Leipziger Arzt Möbius eindeutig festgestellt. Er konnte nämlich nachweisen, daß das Gehirn junger Frauen an Gewicht und Umfang kleiner ist als das der Jungen. Das heißt doch, daß die Mädchen den höchst anspruchsvollen Lehrstoff eines altsprachlichen Gymnasiums gar nicht verstehen können und die Knaben dadurch im Unterricht ständig unterfordert wären. Das kann doch nicht der Sinn des Unterrichts an einer höheren Bildungsanstalt sein!
Außerdem mußt du auch an deine Kollegen denken. Soll man ihnen zumuten, auf dem geringen geistigen Niveau der Mädchen zu lehren? Nie und nimmer würdest du das gutheißen!
Aus all diesen Gründen verbietet es sich, daß Mädchen eine höhere Schule besuchen. Du bist deswegen eindeutig dagegen, daß in Preußen solche Schulen eingerichtet werden. In der Diskussionsrunde argumentierst du dafür, daß alles so bleibt, wie es ist. Du hast genügend Gründe (siehe Karten), um deine Meinung zu untermauern.

M 3

Herr Prof. Dr. Schwarzenbeck, Hochschullehrer der Medizin

Du bist Prof. Dr. Schwarzenbeck und lehrst Medizin an der Friedrich-Wilhelm-Universität in Berlin. Du bist 52 Jahre alt. Bei deinen Studenten giltst du als sehr gelehrt und stehst bei ihnen hoch im Ansehen.
Du hältst es für gut und richtig, daß in deinen Vorlesungen nur junge Männer sitzen, denn Frauen sind ja in Preußen zum Universitätsstudium nicht zugelassen. Das ist auch in Ordnung so, denn wo käme man hin, wenn deutsche Professoren auch noch Rücksicht auf das Feingefühl junger Damen nehmen müßten. Es reicht schon aus, wenn die eine oder andere Studentin als Gasthörerin anwesend ist. Und das ist nur deiner Großzügigkeit zu verdanken, denn du könntest jungen Frauen die Teilnahme an deinen Vorlesungen jederzeit verbieten.
Da haben doch tatsächlich vor einigen Jahren zwei Abgeordnete im Reichstag beantragt, man möge in ganz Deutschland endlich Frauen zu allen Vorlesungen zulassen. Gott sei Dank ist dieser dreiste Antrag sofort abgelehnt worden! Sollen doch die verrückten Weibsbilder ins Ausland gehen zum Studium, in die Schweiz oder nach Frankreich. Dort soll dieser Unsinn ja möglich sein.
Doch für die deutsche Frau hältst du das Studieren für völlig abwegig, die meisten heiraten ja doch! Und daß viele auch noch Medizin studieren wollen, ist ja wohl zum Lachen. Frauen fehlen zum ärztlichen Beruf eindeutig die körperlichen Kräfte und gewisse Charaktereigenschaften, da bist du mit vielen hervorragenden Universitätslehrern deines Faches völlig einer Meinung.
Du wirst also auch in der Diskussionsrunde eine starke Opposition gegen das dumme Gerede von Frauenstudium und höherer Mädchenbildung entwickeln. Du trittst dafür ein, daß Mädchen nicht studieren dürfen und man deshalb auch keine Mädchengymnasien braucht.
Unterstütze alle die Teilnehmer im Streitgespräch, die auch deiner Meinung sind. Gute Argumente hast du ja zur Verfügung (siehe Karten).

M 4

Herr Dr. Altmann, Ministerialdirektor im preußischen Kultusministerium

Du bist Dr. Altmann, ein hoher Beamter im Kultusministerium zu Berlin. Du bist 47 Jahre alt und schon seit 15 Jahren im preußischen Staatsdienst tätig. Politisch gesehen vertrittst du sehr konservative Überzeugungen. Du bist der Meinung, daß sich die deutsche Frau in erster Linie um die Familie, die Hausarbeit und die Kindererziehung kümmern soll. Frauen, die studieren wollen, hältst du für übergeschnappt. Leider gibt es ja heutzutage tatsächlich junge Mädchen, die sich auf privater Ebene mit Hilfe dieser verrückten Frauenrechtlerinnen das Abitur „erschlichen" haben und nun sogar an der Universität studieren wollen.
Für diese Fälle hat die preußische Unterrichtsverwaltung bisher den Grundsatz vertreten, daß Frauen gastweise Vorlesungen besuchen dürfen, aber nur, wenn es der jeweilige Professor ausdrücklich erlaubt. Es wäre ja eine Zumutung für die gelehrten Herren, wenn man ihnen andere Regelungen vorschreiben würde.
Du bist ausdrücklich dagegen, daß der preußische Staat dazu verpflichtet wird, Mädchengymnasien einzurichten oder gar Mädchen den Zugang zu einer Knabenschule bewilligt.
Junge Frauen sollen nicht zu Konkurrentinnen, sondern zu Gehilfinnen des männlichen Geschlechts erzogen werden. Außerdem bist du dir ganz sicher, daß die Mädchen von ihrer Intelligenz her total überfordert wären und die Strapazen der geistigen Arbeit körperlich gar nicht verkraften könnten.
Du setzt dich in der Diskussionsrunde energisch dafür ein, daß den Mädchen auch weiterhin der Zugang zum Besuch einer höheren Schule verboten bleibt. Du versuchst mit allen Mitteln, die andere Seite von deinem Standpunkt zu überzeugen. Gute Argumente hast du ja zur Hand (siehe Karten).

M 5

Helene Lange, Frauenrechtlerin

Du bist Helene Lange, 59 Jahre alt. Du bist eine wichtige Kämpferin der Frauenbewegung und hast dich als Lehrerin seit Jahrzehnten dafür eingesetzt, daß auch Mädchen eine höhere Schulbildung bekommen können. Bisher war es üblich, daß junge Mädchen aus besseren Kreisen zur höheren Töchterschule gingen und nach zehn Schuljahren ihre Schulzeit beenden mußten. Der Weg zum Abitur ist ihnen bis heute versperrt. Da der preußische Staat nichts für die schulische Erziehung der weiblichen Jugend tut, hast du in Berlin auf privater Ebene „Gymnasialkurse" eingerichtet, in denen sich Schülerinnen auf die Reifeprüfung vorbereiten können.* Natürlich müssen ihre Eltern ein entsprechendes Schulgeld zahlen. Es hat sich erwiesen, daß auch junge Frauen Lateinisch und Griechisch lernen können und ihr Abitur, das sie an einem Jungengymnasium ablegen müssen, glänzend bestehen. Viele von ihnen werden später ein Studium an der Universität aufnehmen.
Allerdings müssen sie dafür ins Ausland, z. B. in die Schweiz, gehen, denn auch das ist in Deutschland für Frauen nicht möglich. Du bist empört über diese Zustände.
Deshalb forderst du heute, daß umgehend Gymnasien für Mädchen eingerichtet werden. Dir ist es auch ganz wichtig, daß diese Mädchenschulen von Frauen geleitet werden und der Unterricht in erster Linie von wissenschaftlich gebildeten Lehrerinnen erteilt wird.
Du bist auch Vorsitzende des Allgemeinen Deutschen Lehrerinnenvereins und setzt dich damit für die Gleichberechtigung der weiblichen Lehrkräfte gegenüber den männlichen ein.
Außerdem gibst du mit Gertrud Bäumer die Zeitschrift „Die Frau" heraus. Diese wird von vielen Frauen im Deutschen Reich gerne gelesen. Du hast außerdem geplant, ein Buch über die Frauenbewegung in Deutschland zu schreiben.
In der Diskussionsrunde setzt du dich sachlich, aber mit großem Engagement dafür ein, daß der preußische Staat möglichst schnell Mädchengymnasien einrichtet. Dadurch sollen alle die Chance haben, Abitur zu machen und zu studieren. Du hast genügend Argumente (siehe Karten), um die anderen von der Richtigkeit deiner Meinung zu überzeugen.

* (seit 1893)

M 6

Hedwig Dohm, Frauenrechtlerin

Du bist Hedwig Dohm. Du bist 74 Jahre alt, aber noch sehr rüstig. Dein Leben lang hast du dich für die Rechte der Frauen eingesetzt. Du bist Schriftstellerin und hast mehrere Bücher verfaßt.
Deine Forderungen sind immer ganz radikal gewesen. Heute kämpfst du dafür, daß die Mädchen das gleiche Recht auf Bildung bekommen wie die jungen Männer. Schon vor 20 Jahren hast du einen Frauenverein „Reform" gegründet, der jungen Mädchen dazu verhelfen soll, ihr schulisches Wissen zu verbessern. Du vertrittst auch die Ansicht, daß die Frauen genauso wie die Männer Zugang zu allen Wissenschaften der Universität haben sollen. D. h. der preußische Staat, der bisher für die Mädchenschulen nichts getan hat, muß endlich gezwungen werden, die gleichen finanziellen Mittel für die weibliche Bevölkerung bereitzustellen wie für die männliche. Es müssen jetzt umgehend Mädchengymnasien eingerichtet werden, die genau die gleichen Lehrpläne haben wie die der Knabenschulen. Du kannst dir sogar vorstellen, daß Knaben und Mädchen zusammen unterrichtet werden, ohne daß es Schaden bringt für die Jugendlichen.
Leider sind es zur Zeit nur wenige, besonders begabte junge Frauen, die mit Hilfe von Privatunterricht Abitur machen können. Du forderst aber: Gleiches Recht auf Bildung für alle, ob Junge oder Mädchen, ob arm oder reich!
Die moderne Frau muß die Möglichkeit bekommen, sich mit Hilfe einer guten Berufsausbildung selbst versorgen zu können.
Dafür setzt du dich mit aller Kraft in der Diskussionsrunde ein. Du weißt, du hast die besten Argumente (siehe Karten). Die altmodischen Meinungen der anderen Seite kannst du schon nicht mehr hören. Das sagst du auch ganz deutlich.

M 7

Dr. Gertrud Bäumer, Frauenrechtlerin

Du bist Gertrud Bäumer. Du bist 34 Jahre alt und von Beruf Schriftstellerin. Du hast sogar den Doktortitel erworben, was für deine Zeit etwas ganz besonderes war. Schon seit mehreren Jahren hast du dich in der deutschen Frauenbewegung stark gemacht für die Gleichberechtigung. Dein großes Vorbild ist Helene Lange, die 25 Jahre älter ist als du und viel von dir hält. Zusammen mit ihr gibst du eine Zeitschrift mit dem Titel „Die Frau" heraus. Diese wird von vielen Frauen im Deutschen Reich gelesen. Als Schriftstellerin hast du schon mehrere Bücher geschrieben.
Du hast dir vorgenommen, später eine Biographie über Helene Lange zu verfassen.
In der Frage der Mädchenbildung setzt du dich deutlich dafür ein, daß in Preußen auch endlich die Mädchen die Möglichkeit bekommen, das Abitur zu machen. Bisher konnten sich nur wenige junge Frauen aus besseren Kreisen in privat eingerichteten Gymnasialkursen auf die Reifeprüfung vorbereiten. Jetzt sollen endlich alle den Zugang zu höherer Bildung bekommen. Dafür müssen natürlich neue Schulen, d. h. Mädchengymnasien, eingerichtet werden. Das wird den preußischen Staat viel Geld kosten. Sollte eine städtische Verwaltung dazu nicht in der Lage sein, ist die Aufnahme von Mädchen in eine Knabenschule für dich die leichteste Lösung. Du bist sicher, daß viele Eltern, die die üblichen Vorurteile nicht haben, für ihre Töchter diese Möglichkeit als gut und richtig ansehen. Leider hat das preußische Kultusministerium den gemeinsamen Unterricht von Jungen und Mädchen bisher nicht erlaubt.
In der Diskussionsrunde setzt du dich für deine Ideen lautstark ein. Du versuchst immer wieder neu, die anderen von deiner Meinung zu überzeugen. Die beiden anderen Frauen kennst du gut, du stimmst ihnen meistens zu und kämpfst mit ihnen zusammen für die gute Sache der höheren Mädchenbildung (siehe Karten).

M 8 Argumentationskarte

Herr Prof. Dr. Schwarzenbeck

A Wie sich wiederholt gezeigt hat, sind die jungen Damen den Anstrengungen eines wissenschaftlichen Examens oft nicht gewachsen. Ich mache mir schon jetzt Sorgen um die Gesundheit der weiblichen Prüflinge!

B Weibliche Richter und Anwälte können wir nicht brauchen, und zum ärztlichen Beruf fehlen der Frau die körperlichen Kräfte!

C Junge Mädchen werden meistens mit 18 oder 19 Jahren von ihren Eltern verheiratet. Als Hausfrau und Mutter brauchen sie keine höhere Bildung!

D Mädchen sollen auf der Schule nicht zu gelehrten Frauen, sondern zu tüchtigen deutschen Hausfrauen erzogen werden!

E Durch zu viel Wissen verlieren Mädchen ihre natürlichen weiblichen Gefühle und Empfindungen!

M 9 Argumentationskarte

Herr Dr. Altmann

A Die körperliche Gesundheit der jungen Mädchen wird Schaden nehmen, wenn sie übermäßig viel geistig arbeiten müssen!

B Es ist die Forderung erhoben worden, daß auch Frauen Schulleitungen übernehmen sollen. Es ist eine Zumutung für jeden Mann, unter der Führung einer Frau arbeiten zu müssen.

C Bei den Beamten gibt es in vielen Berufen schon jetzt zu viele Bewerber. Frauen sind deshalb eine unnötige Konkurrenz.
Ist es nicht wichtiger, daß zuerst alle Männer einen Beruf ausüben können?

D Mädchen soll man nicht zu Konkurrentinnen der Männer, sondern zu deren Gehilfinnen erziehen!

E Wer in Preußen soll die unermeßlichen Kosten tragen, um zahllose höhere Schulen für Mädchen einzurichten?

M 10 Argumentationskarte

Helene Lange

A Der preußische Staat hat bisher so gut wie nichts für die höhere Mädchenbildung getan! Es wird Zeit, daß nicht nur für Knaben, sondern auch für Mädchen Lehranstalten gebaut und vom Staat finanziert werden!

B Intelligente junge Frauen müssen im Ausland (z.B. in der Schweiz) studieren. Ist es nicht eine Schande für Preußen, daß Frauen im eigenen Land nicht zur Universität zugelassen sind?

C Nicht jede Frau der höheren Stände wird heiraten. Soll sie dem Herrn Papa für immer auf der Tasche liegen, wenn sie selbst nicht studieren darf?

D Wir fordern nicht nur die Einrichtung von Mädchengymnasien, sondern auch umgehend die Zulassung zum Studium. Auf höheren Mädchenschulen werden nämlich zahlreiche weibliche Lehrkräfte mit Universitätsausbildung benötigt!

E Finnland hat bewiesen, daß die Mädchen die gleichen geistigen Fähigkeiten haben wie Jungen.
Glauben Sie wirklich, daß die deutschen Mädchen dümmer sind als die finnischen?

M 11 Argumentationskarte

Hermann Westhöfer

A „Übermäßige Gehirntätigkeit macht das Weib nicht nur verkehrt, sondern auch krank!“ (Dr. Möbius, Arzt in Leipzig)

B Die geistigen Anforderungen einer höheren Lehranstalt für Knaben können von Mädchen gar nicht erfüllt werden!

C Jetzt fehlt nur noch, daß Mädchen auch Zugang zu Knabenschulen bekommen sollen. Ich bin sicher, die höhere Intelligenz der Knaben würde durch die geringere Begabung der Mädchen gehemmt werden!

D Schon der Leipziger Arzt Möbius hat nach wissenschaftlichen Forschungen festgestellt, daß das weibliche Gehirn viel kleiner ist als das männliche. Frauen sind deswegen weniger intelligent. Sie sind gar nicht in der Lage geistig höherwertige Leistungen zu erbringen!

E Da Mädchen meist mit besonders großem Eifer lernen, stellen sie eine bedrohliche Konkurrenz für die Jungen dar!

M 12 Argumentationskarte

Dr. Gertrud Bäumer

A In kleineren preußischen Städten lohnt sich die Einrichtung einer höheren Schule nicht oder erst dann, wenn Knaben und Mädchen sie besuchen können. Also hätten sogar die Knaben davon Vorteile!

B Die zunehmende Ehelosigkeit der Männer in den höheren Ständen zwingt die Mädchen aus besseren Kreisen zur Berufstätigkeit. Deshalb muß für sie umgehend eine höhere Schulbildung ermöglicht werden!

C Seit 1893 gibt es in Berlin private Gymnasialkurse für Mädchen. Es hat sich erwiesen, daß auch Mädchen das Abitur machen können, sogar mit besonders guten Leistungen!

D Jungen und Mädchen sollen gleichberechtigt aufwachsen können, d. h. eine gute Schulbildung soll für alle möglich sein.

E Zur Zeit sitzen etwa 3000 deutsche Mädchen auf einer Schulbank mit Knaben. Nur in Preußen soll das nicht möglich sein?

M 13 Argumentationskarte

Hedwig Dohm

A Es besteht zur Zeit ein deutlicher Frauenüberschuß in der Bevölkerung. Deshalb müssen die Mädchen aus gebildeten Kreisen die Möglichkeit zur Berufsausübung bekommen, um sich später selbst versorgen zu können!

B Wenn Schwester und Bruder zu Hause von einem Privatlehrer unterrichtet werden, zeigt es sich oft, daß die Mädchen sogar die Klügeren sind!

C In Nordamerika können die Mädchen die gleichen Schulen besuchen wie die Jungen. Warum soll das in Preußen nicht möglich sein?

D Die rückständige preußische Schulpolitik muß endlich so fortschrittlich werden wie in Baden oder Hessen, wo Mädchen schon seit Jahren höhere Schulen besuchen können!

E Besonders intelligente Mädchen müssen die Möglichkeit haben, studieren zu können!

M 1

Zur Sache: Die Konferenz von München (1938)

Im Frühjahr des Jahres 1938, am 13. März, waren deutsche Truppen in Österreich einmarschiert und von großen Teilen der österreichischen Bevölkerung begeistert begrüßt worden. Dieser Schritt verstieß eindeutig gegen die Bestimmungen des Versailler Vertrages und damit gegen das Völkerrecht. Die überwiegende Mehrheit der Deutschen und Österreicher billigten aber die Politik Hitlers und damit die Angliederung des Landes an Deutschland, das nun das „Großdeutsche Reich" genannt wurde.
Durch diesen Erfolg ermutigt, stellte Hitler die dreiste Forderung an die Tschechoslowakei, das Sudetenland abzutreten, da dort auch ca. dreieinhalb Millionen Deutsche wohnten. Er argumentierte mit dem Selbstbestimmungsrecht der Völker, das man den Sudetendeutschen bisher vorenthalten hatte. Auch die Bewohner des Sudetenlandes gerieten immer mehr unter den Einfluß der Nationalsozialisten und beharrten auf der Idee, sich von der Tschechoslowakei zu lösen. Die Regierung in Prag ging auf diese Forderungen nicht ein. Die Reichsregierung unter Hitler drohte daraufhin offen mit einer gewaltsamen Lösung. Die Spannungen verschärften sich, als Prag die Mobilmachung anordnete. Die Gefahr eines Krieges – 20 Jahre nach dem Ende des Ersten Weltkrieges – veranlaßten England, Frankreich und Italien gemeinsam mit Hitler nach einer friedlichen Lösung des Konflikts zu suchen.
Deshalb kamen die Regierungschefs dieser Länder Ende September 1938 nach München, um auf einer Konferenz miteinander zu verhandeln.

Eure Aufgabe: Ihr sollt nun diese Konferenz miteinander abhalten. Eure Gruppe muß aus vier Teilnehmer/inne/n bestehen, die jeweils die Interessen Englands, Frankreichs, Italiens und Deutschlands vertreten. Jede/r von euch bekommt eine Rollenkarte als Info.
Lest euch euren Rollentext ganz genau durch, damit ihr auf sicherer Grundlage argumentieren könnt.
Dann beginnt mit eurer Konferenz. Tauscht alle Argumente aus und sucht gemeinsam nach einer Lösung, welcher Art auch immer!
Jeder sollte aber deutlich die Interessen seines Landes einbringen.
Zuletzt müßt ihr euer Ergebnis in einer Stellungnahme formulieren und begründen, warum ihr so entschieden habt.

Unsere Abmachungen lauten:

a) ______________________________

b) ______________________________

c) ______________________________ u.s.w.

Begründungen: ______________________________

____

M 2

Großbritannien, Premierminister Chamberlain

Du bist der britische Premierminister Chamberlain. Dein größtes Anliegen ist es, diesen gefährlichen Konflikt zwischen Hitler und den Tschechen möglichst friedlich beizulegen. Deshalb hast du dich dafür eingesetzt, daß in München diese wichtige Konferenz stattfindet.
Es gibt für dich zwei besondere Gründe dafür:

1. Du erkennst das Recht der Sudetendeutschen auf Selbstbestimmung voll an (d. h. ein Volk soll selbst darüber entscheiden können, zu welchem Staat es gehören will).
2. Du weißt sehr gut, daß dein Land sich einen Krieg gar nicht leisten kann, weil es an der nötigen Rüstung fehlt.

Und aus Deutschland ist bekannt, daß die Aufrüstung seit Jahren auf Hochtouren läuft.
Überhaupt ist diesem Hitler alles zuzutrauen. Er hat schon vor drei Jahren die allgemeine Wehrpflicht wieder eingeführt, obwohl das einen Bruch mit den Bestimmungen des Versailler Vertrages bedeutete. Und ein Jahr später ist er mit deutschen Truppen sogar ins Rheinland einmarschiert, auch das war eine Verletzung des Friedensvertrages.
Daraufhin haben dein Land und Frankreich mit Protesten reagiert, aber das hat ja wenig genutzt.
Und dann der Gipfel der Unverschämtheit im Frühjahr dieses Jahres mit dem Anschluß Österreichs! Hitler hat seine Truppen einmarschieren lassen, obwohl die Siegermächte des Ersten Weltkrieges eine Vereinigung Österreichs mit Deutschland ausdrücklich untersagt hatten.
Jetzt muß endlich ein Schlußstrich gezogen werden.
Du bist schon zum dritten Mal nach Deutschland gekommen, um mit Hitler persönlich zu verhandeln und hast auch Mussolini in Italien gebeten, Hitler entsprechend zu beschwichtigen.
Dann hast du diese internationale Konferenz vorgeschlagen, auf der du eine friedliche Lösung erreichen willst.
Daß die Tschechen aber auch nicht ihr Versprechen von 1918 gehalten haben, der deutschen Minderheit eine freie Entfaltung innerhalb des neuen Staates zu ermöglichen. Eine verflixte Situation!
Mit dieser Konferenz hoffst du, daß die neuesten unverschämten Forderungen dieses deutschen Reichskanzlers zurückgeschraubt werden können.
Ihr habt gerade im Konferenzsaal Platz genommen und fangt nun an zu verhandeln.

M 3

Italien, Benito Mussolini

Du bist Benito Mussolini, der „Duce" (Führer) der Faschisten in Italien. Du hast ähnlich wie Hitler eine Diktatur in deinem Land errichtet und bist schon seit 1922 an der Macht.
Mit Hitler verstehst du dich sehr gut. Du hast auch einen Freundschaftspakt mit ihm geschlossen, das ist erst zwei Jahre her (1936). Außerdem habt ihr schon im Spanischen Bürgerkrieg Gelegenheit gehabt, euer Bündnis zur Unterstützung Francos zu erproben. Gerade im letzten Jahr (1937) hast du einen Staatsbesuch in Berlin gemacht und wurdest dort mit allen Ehren empfangen.
Der englische Premierminister Chamberlain hat dich deshalb gebeten, Hitler dazu zu bewegen, diese Konferenz in München einzuberufen, um den anstehenden Konflikt zu lösen.
Du bist sehr stolz darauf, daß man dir diesen Einfluß zugesteht. Aber wofür sollst du dich auf dieser Konferenz einsetzen? Sollst du dafür sprechen, daß man Hitlers Forderungen nachgibt und das Sudetenland an das „Großdeutsche Reich" angliedert? Oder bist du auch der Meinung, daß das einen Schritt zu weit geht? Deutschland wird ja immer mächtiger! Es reicht schon, daß Österreich so ohne weiteres einverleibt wurde.
Kannst du dich überhaupt gegen Hitlers Interessen stellen? Schließlich habt ihr ja einen Freundschaftspakt geschlossen! Du mußt dir genau überlegen, welche Meinung du auf der Konferenz vertreten willst.
Ihr habt gerade im Konferenzsaal Platz genommen und fangt nun an zu verhandeln.

M 4

Frankreich, Ministerpräsident Daladier

Du bist der französische Ministerpräsident Daladier. Dein Anliegen ist es, diesen gefährlichen Konflikt mit Hitler nach Möglichkeit durchzustehen. In erster Linie mußt du die Interessen der Tschechen vertreten, denn dein Land hat mit der Tschechoslowakei mehrere Bündnisse geschlossen. Doch einen Krieg kann sich Frankreich nicht leisten, weil es an der nötigen Rüstung fehlt. Und aus Deutschland ist bekannt, daß die Aufrüstung seit Jahren auf Hochtouren läuft.
Und überhaupt ist diesem Hitler alles zuzutrauen. Er hat schon vor drei Jahren die allgemeine Wehrpflicht wieder eingeführt, obwohl das ein offener Bruch gegenüber den Bestimmungen des Versailler Vertrages war. Und ein Jahr später ist er mit deutschen Truppen sogar ins Rheinland einmarschiert; auch das war eine Verletzung des Friedensvertrages. Bis heute bedeutet das eine gefährliche Bedrohung der französischen Grenze. Daraufhin haben dein Land und auch Großbritannien mit Protesten reagiert, aber das hat ja wenig genutzt.
Und dann der Gipfel der Frechheit im Frühjahr dieses Jahres mit dem Anschluß Österreichs! Hitler hat die Vereinigung betrieben, obwohl die Siegermächte des Ersten Weltkrieges eine Angliederung des Landes an das Deutsche Reich ausdrücklich untersagt hatten.
Muß man diesen größenwahnsinnigen Diktator nicht endlich stoppen? Sollte man vielleicht doch einen Krieg wagen, um das Problem zu lösen?
Ihr habt gerade im Konferenzsaal Platz genommen. Du findest es schon eigenartig, daß die Vertreter der Tschechoslowakei, um deren Land es ja geht, zu den Verhandlungen nicht zugelassen werden. Sie müssen im Vorzimmer auf die Entscheidung der vier Großmächte warten. Vielleicht versuchst du, das zu verändern.
Jetzt mußt du aber ins Gespräch einsteigen, denn die Konferenz hat gerade begonnen!

M 5

Deutschland, Adolf Hitler

Du bist Adolf Hitler, der „Führer" des „Großdeutschen Reiches". Du hast ein ganz klares Ziel: Du willst die Konferenzteilnehmer mit aller Gewalt davon überzeugen, daß die Tschechoslowakei das Sudetenland abtreten muß, koste es, was es wolle. Zu Zugeständnissen bist du nicht bereit. Das wäre ja gelacht, wenn dreieinhalb Millionen Deutsche (28% der Gesamtbevölkerung) nicht das Selbstbestimmungsrecht wie fast alle Völker auf der Welt hätten, zu entscheiden, zu welchem Staat sie gehören wollen. Außerdem sind die Tschechen selbst schuld; sie haben die Sudetendeutschen seit dem Ersten Weltkrieg nur benachteiligt. Die wirtschaftliche Lage ist so schlecht, daß 1936 fast zwei Drittel der Arbeitslosen in der CSR Deutsche waren.
Seit deinem großen Erfolg mit dem Anschluß Österreichs vor wenigen Monaten (1938) kam es unter den Sudetendeutschen immer wieder zu großen Demonstrationen für ihr Selbstbestimmungsrecht. Sie stellten eine Reihe von Forderungen an die tschechische Regierung (dazu hast du ihnen geraten, vor allem verstehst du dich sehr gut mit Konrad Henlein, dem Führer der sudetendeutschen NS-Sammelpartei) und zwar immer so viele, daß sie nie zufriedengestellt werden konnten. Das war Taktik! Die Tschechen reagierten mit gewaltsamer Unterdrückung der deutschen Bevölkerung. Darauf hast du nur gewartet! Du hast dafür gesorgt, daß die Zeitungen, vor allem der „Völkische Beobachter", voller Propaganda gegen die Tschechen sind, um den Eindruck entstehen zu lassen, daß die Situation der deutschen Minderheit im Sudetenland höchst kritisch sei.
Jetzt ist es so weit, daß du in aller Öffentlichkeit mit einer „gewaltsamen Lösung" drohen kannst. Das haben die Westmächte, also England, Frankreich und auch Italien sehr deutlich zur Kenntnis nehmen müssen. Und wenn die der Sache immer noch nicht zustimmen wollen, dann weißt du ganz genau, daß du deinen Willen mit einem militärischen Überfall auf die CSR durchsetzen wirst.
Mit Mussolini, der für dich ein enger Verbündeter ist, hat du dich schon verständigt. Der wird dir nicht in die Quere kommen. Mal sehen, wie der in der Konferenz argumentiert.
Ihr habt gerade im Konferenzsaal Platz genommen und fangt nun an, zu verhandeln. Du mußt zusehen, daß du ganz schnell zum Wortführer wirst!

M 1.1

Info-Karte

Thema der Projektarbeit: Die Entwicklung der Bundesrepublik Deutschland (1949–1994)

Euer Schwerpunkt in der Gruppe: „Die Bundeskanzler der Bundesrepublik Deutschland (seit 1945)“

Ihr habt verschiedene Bildteile, Namen, Lebensdaten, Amtszeiten und Parteikärtchen erhalten, dazu sechs Kurzbiographien und sechs Schaubilder zur Verteilung der Abgeordnetensitze im Bundestag. Außerdem findet ihr zwölf verschiedene Fragen, die zu beantworten sind.

Eure Aufgabe:
Ordnet bitte die Bilder der Bundeskanzler auf eurem Gruppentisch in fortlaufender Reihe und ergänzt alle Informationen entsprechend der Person. Legt eine Tabelle mit sechs Spalten an! Benutzt dazu euer Geschichtsbuch und andere Bücher, die euch dabei nützlich sind. Laßt euch von eurer Lehrerin oder eurem Lehrer beraten.
Folgende Leitfragen können euch bei der Arbeit helfen:

a) Sind die Puzzleteile der Bilder richtig zusammengefügt?
   Habt ihr die „Kuckuckseier“ entdeckt und beiseite gelegt?
b) Konntet ihr die Namen und Vornamen richtig zusammenbringen?
c) Habt ihr unterschieden zwischen Amtszeit und Lebenszeit eines Politikers und die Kärtchen richtig zugeordnet?
d) Konntet ihr die Parteizugehörigkeit der Kanzler herausfinden?
e) Welcher Kanzler hat mit welcher Koalition im Bundestag regiert? Die Schaubilder geben dazu wichtige Informationen! Ordnet sie zu!
f) Habt ihr die „Kurzbiographien“ enträtseln können und dem jeweiligen Politiker beigefügt?
g) Nun solltet ihr die zwölf Fragen mit Hilfe des Geschichtsbuches schriftlich beantworten. Arbeitet sorgfältig und überlegt genau, wie ihr die Antworten formuliert, damit sie klar, informativ und für jedermann verständlich sind. Das Ergebnis gebt ihr für eure Gruppe bei der Lehrerin oder dem Lehrer ab.

Manche Beispiele sind etwas schwieriger, also nehmt euch die Zeit, gründlich nachzuforschen.
Als Hilfe folgende Tips:

- Sucht zuallererst das jeweilige Bild in einem der Geschichtsbücher, dann stoßt ihr auch auf Überschrift bzw. Thema und Jahreszahl.
- Benutzt in den Büchern die Inhaltsübersicht, Stichwortverzeichnisse und Personenregister (meist hinten im Anhang), dazu die Übersichtstabellen mit Geschichtszahlen und anderes mehr.

Ihr braucht folgende Bücher für euer Thema:

A = ____________________

B = ____________________

C = ____________________

Und das allerwichtigste: Arbeitsteilung innerhalb der Gruppe! Dann schafft ihr es bestimmt innerhalb der vorgegebenen Zeit.
Wenn ihr alle Arbeitsschritte bewältigt habt, heftet das Resultat eurer Bemühungen an eine Zeitleiste (1945 – 1950 – 1955 … bis 1995, z.B. auf Tapetenrolle, ca. 2 m lang), entsprechend der Amtszeiten der Kanzler. Es muß vorher klar sein, wie ihr die einzelnen Informationskärtchen anordnen wollt.

Erläutert euren Mitschülerinnen und Mitschülern, was ihr in der Gruppe erarbeitet habt, was ihr dabei gelernt habt, was schwierig war und warum, was euch aufgefallen ist usw.
Die Kurzbiographien könnt ihr auch separat halten und der Klasse als Rätsel aufgeben. Mal sehen, ob es „kluge Köpfe“ gibt, die die Antworten von der Zeitleiste ablesen können.

M 1.2

[Konrad Adenauer]

Welcher Kanzler stellt sich hier vor?

Ich war der erste Kanzler der Bundesrepublik Deutschland. Bevor die Nazis an die Macht kamen, war ich 16 Jahre lang Oberbürgermeister von Köln. Doch 1933 wurde ich aus allen Ämtern entlassen und nach dem 20. Juli 1944 sogar verhaftet. Nach dem Krieg konnte ich wieder voll in die Politik einsteigen. 1945 wirkte ich mit bei der Gründung einer großen Partei, mit deren Hilfe ich dann später vom Deutschen Bundestag zum Regierungschef gewählt worden bin.
Ich war schon ein betagter Herr zu diesem Zeitpunkt. Mit 73 Jahren habe ich das wichtige Amt übernommen und war 14 Jahre lang Bundeskanzler. Das hat bisher keiner meiner Nachfolger geschafft.
Ich glaube, ich habe großen Einfluß ausgeübt auf die deutsche Politik nach dem Kriege. Meine eindeutige Entscheidung war, die Bundesrepublik in den Westen zu integrieren, also Bündnisse mit Amerika, Frankreich und England zu schließen. Trotzdem reiste ich 1955 auch nach Moskau und nahm diplomatische Beziehungen mit der Sowjetunion auf. Meine Gespräche dort ermöglichten auch die Heimkehr von zehntausend deutschen Kriegsgefangenen aus Rußland. Ich war sehr froh, daß ich für viele Familien in Deutschland ein Ende des langen Wartens herbeiführen konnte.
Es gab viele kontroverse Themen in den fünfziger Jahren. Zum Beispiel wurde die Frage der Wiederbewaffnung im Bundestag lange und ausgiebig diskutiert. Da gab es so manche heiße Debatte im Parlament. Das Ergebnis war, daß im Jahre 1956 mit dem Aufbau der Bundeswehr begonnen wurde. Ich habe das sehr befürwortet.
Nach Möglichkeiten der Wiedervereinigung Deutschlands wurde ständig gesucht, doch in den Zeiten des „Kalten Krieges" war das einfach aussichtslos.
Jetzt habe ich so viel über mich erzählt, daß ihr bestimmt schon lange wißt, wer ich bin!

____

M 1.3

[Willy Brandt]

Welcher Kanzler stellt sich hier vor?

Ich war lange Jahre Regierender Bürgermeister in West-Berlin. Im Juni 1963 habe ich einen hohen Gast im Rathaus Schöneberg empfangen können, es war John F. Kennedy, der damalige Präsident der USA.
Zur Zeit der APO war ich Vizekanzler und Außenminister in Bonn, danach bin ich vom Bundestag zum Kanzler gewählt worden. Mein wichtigstes politisches Ziel war die Aussöhnung mit dem Osten. Zu meiner Regierungszeit wurden der Moskauer und der Warschauer Vertrag unterzeichnet. In diesen sogenannten „Ostverträgen" hat die Bundesrepublik gegenüber der Sowjetunion und Polen den „Gewaltverzicht" und die Anerkennung der bestehenden Grenzen ausgesprochen.
Es war nicht einfach, diese Verträge im Deutschen Bundestag durchzusetzen, denn die Oppositionsparteien CDU/CSU haben lange versucht, deren Annahme zu verhindern. Man wollte mich sogar durch einen Mißtrauensantrag im Bundestag als Kanzler stürzen. Das ist aber nicht gelungen. Ich glaube, gerade die Berliner Bevölkerung war sehr froh über die neuen Regelungen. Denn jetzt konnten alle Westberlinerinnen und Westberliner in Ost-Berlin und der gesamten DDR Besuche bei ihren Angehörigen machen. Das war die Jahre davor überhaupt nicht erlaubt.
Leider konnte ich meine letzte Amtszeit nicht bis zum Ende durchführen. Einer meiner engsten Mitarbeiter ist als DDR-Agent entlarvt worden. Das war für mich der Grund, von meinem Amt als Bundeskanzler freiwillig zurückzutreten. Trotz dieser persönlichen Niederlage habe ich in Deutschland und besonders auch im Ausland hohe Anerkennung erfahren. 1971 bekam ich sogar den Friedensnobelpreis verliehen.
Jetzt habe ich schon viel zu viel von mir verraten. Ihr wißt sicher längst, wer ich bin!

____

M 1.4

[Ludwig Erhard]

Welcher Kanzler stellt sich hier vor?

Ich war nur für drei Jahre Kanzler der Bundesrepublik Deutschland. Eigentlich war ich ein Fachmann für Wirtschaftsfragen. Auf vielen Bildern bin ich mit der „dicken Zigarre“ zu sehen, das war mein Erkennungszeichen.
Als ich Bundeswirtschaftsminister war, habe ich die Idee der „Sozialen Marktwirtschaft“ entwickelt.
Mein Motto war: Wohlstand für alle! Es sah noch ganz schön traurig aus, damals in Deutschland, nach diesem schrecklichen Krieg. Doch in den fünfziger Jahren ging's ganz schnell aufwärts, alle halfen mit beim Wiederaufbau der zerbombten Städte, der demontierten Fabriken und so weiter. Diesen lang anhaltenden konjunkturellen Aufschwung nannte man sehr bald das „Deutsche Wirtschaftswunder“. Auch im Ausland wurden die Leistungen der arbeitenden Bevölkerung hoch anerkannt. Nicht ohne Stolz kann ich von mir behaupten, daß das alles ohne meine geistige Vorarbeit nicht möglich gewesen wäre.
Als ich dann später Kanzler wurde, hatte ich nicht so viel Glück. Leider mußte ich sogar vorzeitig von meinem Amt zurücktreten. Ich glaube, es lag an meinem berühmten Vorgänger, daß ich nicht genügend Anerkennung und Erfolg zu verbuchen hatte.
Nun wißt ihr sicher, wer ich bin!

____

M 1.5

[Kurt Georg Kiesinger]

Welcher Kanzler stellt sich hier vor?

Ich war der Kanzler der „Großen Koalition“. Als ich Regierungschef in Bonn wurde, hatte mein Vorgänger gerade das Handtuch geschmissen. Er konnte sich politisch nicht mehr durchsetzen, denn es gab riesige Probleme in Deutschland. Nach 15 Jahren wirtschaftlichen Aufschwungs kam die erste große Krise. Das war die Zeit der Rezession. Die Zahl der Arbeitslosen stieg auf ca. 700 000; besonders schlimm war es im Ruhrgebiet.
Zu meiner Regierungszeit ist auch die APO entstanden. Es gab viele gewalttätige Demonstrationen, vorwiegend in Berlin. Selbst ich als Bundeskanzler mußte eine Ohrfeige einstecken. Außerdem hat sich eine neue rechtsradikale Partei, die NPD, bemerkbar gemacht. Sie hat versucht, die Ideen der Nazis wieder aufzuwärmen. Das war alles nicht so einfach damals. Doch zusammen mit meinem Vizekanzler und Außenminister von der SPD (der später selber Kanzler werden sollte) ist es der Regierung gelungen, die wirtschaftliche Krise zu überwinden. Die nächste Bundestagswahl hat meine Partei leider nicht gewonnen. Deshalb mußte ich das Amt des Kanzlers wieder abtreten.
Habt ihr nun herausgefunden, wer ich bin?

____

M 1.6

[Helmut Schmidt]

Welcher Kanzler stellt sich hier vor?

Ich komme aus Hamburg und bin in Bonn durch ein politisches Mißgeschick meines Vorgängers überraschend schnell zum Bundeskanzler gewählt worden. In der Zeit davor war ich schon Finanzminister. Als Regierungschef hatte ich viele Probleme der deutschen Innenpolitik zu bewältigen. Die erste große Herausforderung bildete die Ölkrise im Jahre 1973. Da die Ölpreise heftig in die Höhe schnellten, gab es einen deutlichen Konjunktureinbruch. Die Zahl der Arbeitslosen überstieg die Millionengrenze. Leider betraf das Problem auch viele Jugendliche.
Dazu kam, daß in den siebziger Jahren der organisierte Terrorismus bedrohlich anwuchs. Das hat mir und vielen anderen Politikern große Sorgen gemacht.
Außerdem formierten sich die Atomkraftgegner und protestierten auf zahlreichen Demonstrationen gegen den Ausbau der Kernenergie. Ich setzte mich für die friedliche Nutzung von Atomkraft ein und war auch dafür, auf militärischem Gebiet die Nachrüstung, wie sie von Amerika gefordert wurde, durchzusetzen. Viele Menschen, die sich in der Friedensbewegung engagierten, haben mir das sehr übel genommen.
Ihr seht, ich hatte mit gigantischen Problemen während meiner Amtszeit zu tun.
Wegen Unstimmigkeiten in der Wirtschaftspolitik und der hohen Haushaltsverschuldung zerbrach leider das Regierungsbündnis zwischen meiner Partei und der FDP. Ich mußte als Kanzler zurücktreten und ein anderer „Helmut" wurde vom Bundestag zum Nachfolger gewählt.
Wer war ich denn nun?

____

M 1.7

[Helmut Kohl]

Welcher Kanzler stellt sich hier vor?

Ich bin als Bundeskanzler in ganz Deutschland bekannt. Schon über zehn Jahre bin ich im Amt. Mein Vorgänger hieß auch Helmut, er gehörte aber einer anderen Partei an als ich. Ich fühle mich als der „Enkel Adenauers". Schon dreimal bin ich mit meiner „Koalition der Mitte" vom Bundestag in meinem Amt bestätigt worden.
Zu Beginn meiner Amtsperiode zogen die Grünen zum ersten Mal in den Deutschen Bundestag ein. Da ging's manchmal hoch her im Parlament.
Es geht das Gerücht um, daß ich zu korpulent sei. Dabei gehe ich schon jedes Jahr zum Abspecken. Das mache ich an meinem Urlaubsort am St. Wolfgangsee in Österreich.
Die größte politische Umwälzung während meiner Regierungszeit begann mit der Öffnung der Mauer am 9. November 1989. Mein wichtigstes Ziel war die sofortige Wiedervereinigung Deutschlands. Mit der Zustimmung von Gorbatschow und den Westmächten konnte die ehemalige DDR tatsächlich am 3. Oktober 1990 an die Bundesrepublik angegliedert werden.
Das war für mich ein ungeheurer politischer Triumph. Ich werde damit als „Wiedervereinigungskanzler" in die deutschen Geschichtsbücher eingehen.
Doch seitdem gibt es große wirtschaftliche Probleme in Deutschland. Ich hoffe, daß es durch meine Politik gelingt, diese möglichst bald in den Griff zu kriegen.

Übrigens mein Name ist:

____

M 1.8

Abbildungen der Bundeskanzler (Porträts diagonal durchschneiden, „Puzzleteile")

M 1.9 Namen, Vornamen, Lebens- und Amtszeit der Bundeskanzler (zum Ausschneiden)

Helmut	Ludwig
Willy	Helmut
Konrad	Georg
Kohl	Schmidt
Erhard	Brandt
Kiesinger	Adenauer
*1930	1913 – 1992
1904 – 1988	1876 – 1967
*1918	1897 – 1977
seit 1982	1949 – 1963
1966 – 1969	1963 – 1966
1969 – 1974	1974 – 1982

M 1.10 Schaubilder der Koalitionen im Bundestag (zum Ausschneiden)

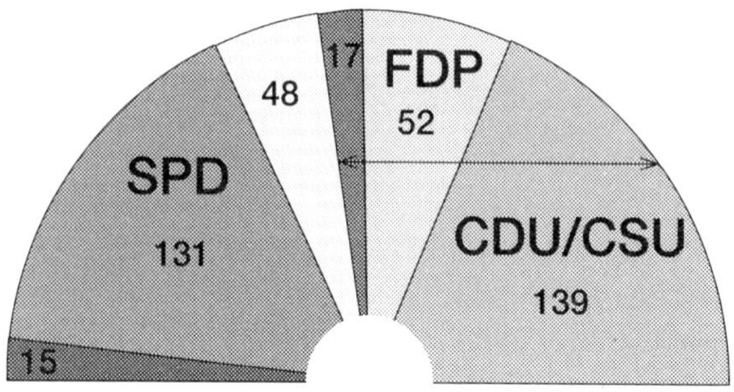

402 Abgeordnete 1949

andere Parteien KPD DP

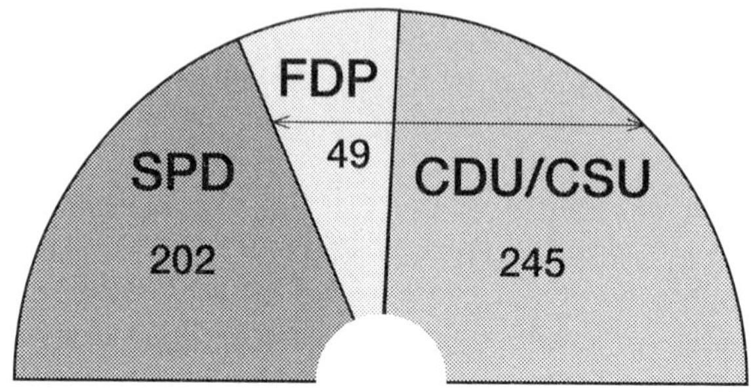

496 Abgeordnete 1965

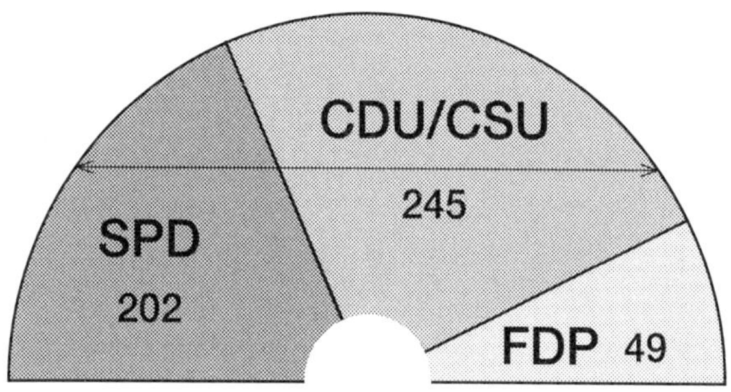

496 Abgeordnete 1966

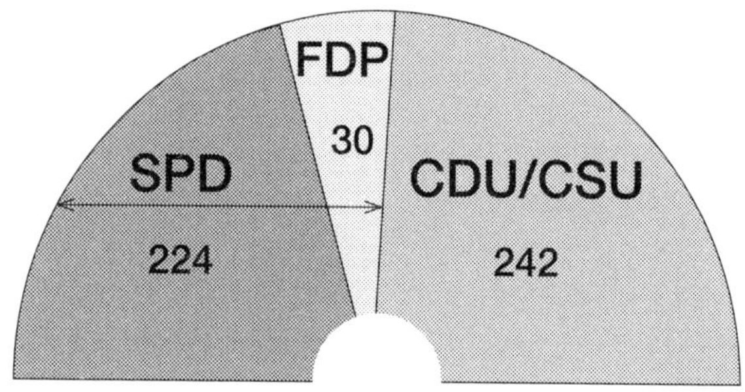

496 Abgeordnete 1969

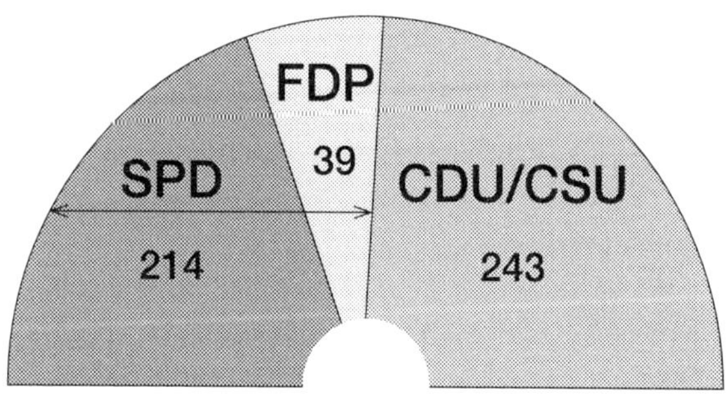

496 Abgeordnete 1976

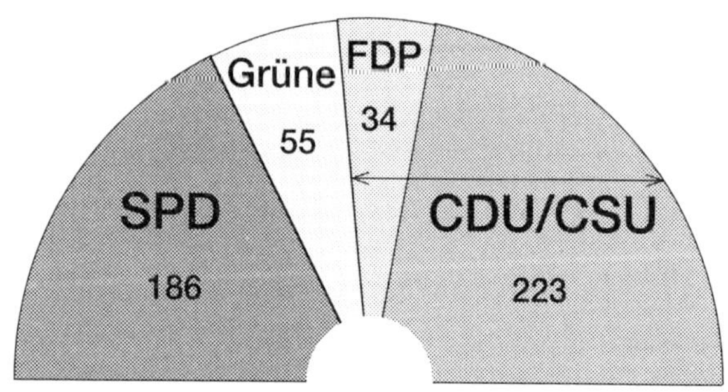

498 Abgeordnete 1983

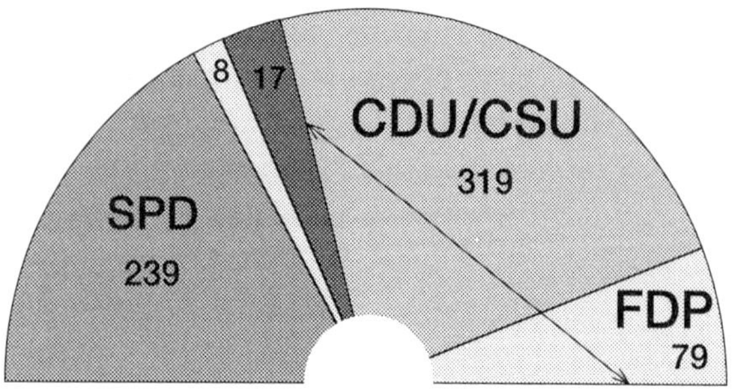

662 Abgeordnete 1990

PDS Grüne/Bündnis 90

Quelle: Daten aus „Erinnern und Urteilen", Unterrichtseinheiten Geschichte, Bd. IV, Klett Verlag, Stuttgart 1981

M 1.11

Fragen zur Regierungszeit der Bundeskanzler

Zwei Fragen zur Regierungszeit des ersten Bundeskanzlers der Bundesrepublik Deutschland

(194□–195□)

a) Was bedeutet der Begriff des „Kalten Krieges“? Beschreibt bitte ausführlich, was er beinhaltet!
b) Welche „westlichen Bündnisse“ entstanden in den fünfziger Jahren? Nennt mindestens zwei und erläutert ihre Zielsetzung!

Zwei Fragen zur Regierungszeit des zweiten Bundeskanzlers der Bundesrepublik Deutschland

(196□–19□□)

a) Was bedeutet der Begriff der „Sozialen Marktwirtschaft“?
Zählt genau auf, welche Merkmale typisch dafür sind!
b) Wie sah die wirtschaftliche Entwicklung in der Bundesrepublik während der Regierungszeit des zweiten Bundeskanzlers aus?

Zwei Fragen zur Regierungszeit des dritten Bundeskanzlers der Bundesrepublik Deutschland

(196□–19□□)

a) Was heißt „APO“? Warum ist sie entstanden? Was wollten ihre Anhänger politisch erreichen?
b) Was hat sich bei der Bundestagswahl 1969 politisch verändert? Welche Folgen hatte das für die deutsche Außenpolitik?

Zwei Fragen zur Regierungszeit des vierten Bundeskanzlers der Bundesrepublik Deutschland

(19□□–19□□)

a) Wer war John F. Kennedy? Wann hat er regiert? Welche politischen Ziele waren ihm wichtig?
b) Wann war der vierte Bundeskanzler Regierender Bürgermeister von Berlin (W)? Warum hat er diese Amtsperiode vorzeitig beendet?
c) Findet ihr die Entscheidung des Bundeskanzlers von 1973 richtig, von seinem Amt wegen eines Spionagefalls zurückzutreten?

Zwei Fragen zur Regierungszeit des fünften Bundeskanzlers der Bundesrepublik Deutschland

(197□–198□)

a) Wie kam es zur „Ölkrise“? Erläutert die Ereignisse von 1973 und beschreibt die Folgen für die Einwohner der Bundesrepublik!
b) In der Zeit des Terrorismus sorgte die „RAF“ für große politische Unruhe in der Bundesrepublik.
Wann war das? Was passierte im einzelnen, und welche Ziele verfolgten die Terroristen?

Zwei Fragen zur Regierungszeit des sechsten Bundeskanzlers der Bundesrepublik Deutschland

(198□–19□□)

a) Wer sind die „Grünen“? Wann zogen sie zum ersten Mal in den Bundestag ein? Welche politischen Ziele verfolgen sie?
b) Wieviele neue Bundesländer gibt es? Tragt alle Länder mit Namen ein und notiert dazu die Landeshauptstädte (siehe Karte).
Ergänzt auch die jeweilige Einwohnerzahl!

M 1.12

Bundesländer – Text und Landeswappen (zum Ausschneiden)

Baden-Württemberg
Landeshauptstadt: Stuttgart
Fläche: 35.751 qkm
Einwohner: 9,5 Mio.

Bundestagsabgeordnete: 74
Stimmen im Bundesrat: 6

Brandenburg
Landeshauptstadt: Potsdam
Fläche: 29.059 qkm
Einwohner: 2,6 Mio.

Bundestagsabgeordnete: 24
Stimmen im Bundesrat: 4

Bayern
Landeshauptstadt: München
Fläche: 70.554 qkm
Einwohner: 11,2 Mio.

Bundestagsabgeordnete: 87
Stimmen im Bundesrat: 6

Hessen
Landeshauptstadt: Wiesbaden
Fläche: 21.114 qkm
Einwohner: 5,58 Mio.

Bundestagsabgeordnete: 45
Stimmen im Bundesrat: 4

Bremen
Fläche: 404 qkm
Einwohner: 0,66 Mio.

Bundestagsabgeordnete: 7
Stimmen im Bundesrat: 3

Mecklenburg-Vorpommern
Landeshauptstadt: Schwerin
Fläche: 23.838 qkm
Einwohner: 1,95 Mio.

Bundestagsabgeordnete: 18
Stimmen im Bundesrat: 3

Hamburg
Fläche: 754 qkm
Einwohner: 1,6 Mio.

Bundestagsabgeordnete: 14
Stimmen im Bundesrat: 3

Niedersachsen
Landeshauptstadt: Hannover
Fläche: 47.439 qkm
Einwohner: 7,19 Mio.

Bundestagsabgeordnete: 63
Stimmen im Bundesrat: 6

Berlin
Fläche: 883 qkm
Einwohner: 3,34 Mio.

Bundestagsabgeordnete: 32
Stimmen im Bundesrat: 4

Nordrhein-Westfalen
Landeshauptstadt: Düsseldorf
Fläche: 34.068 qkm
Einwohner: 16,9 Mio.

Bundestagsabgeordnete: 143
Stimmen im Bundesrat: 6

Sachsen
Landeshauptstadt: Dresden
Fläche: 18.337 qkm
Einwohner: 4,84 Mio.

Bundestagsabgeordnete: 40
Stimmen im Bundesrat: 4

Saarland
Landeshauptstadt: Saarbrücken
Fläche: 2.569 qkm
Einwohner: 1,05 Mio.

Bundestagsabgeordnete: 10
Stimmen im Bundesrat: 3

Sachsen-Anhalt
Landeshauptstadt: Magdeburg
Fläche: 20.445 qkm
Einwohner: 2,92 Mio.

Bundestagsabgeordnete: 26
Stimmen im Bundesrat: 4

Schleswig-Holstein
Landeshauptstadt: Kiel
Fläche: 15.728 qkm
Einwohner: 2,57 Mio.

Bundestagsabgeordnete: 22
Stimmen im Bundesrat: 4

Rheinland-Pfalz
Landeshauptstadt: Mainz
Fläche: 19.848 qkm
Einwohner: 3,66 Mio.

Bundestagsabgeordnete: 32
Stimmen im Bundesrat: 4

Thüringen
Landeshauptstadt: Erfurt
Fläche: 16.251 qkm
Einwohner: 2,65 Mio.

Bundestagsabgeordnete: 23
Stimmen im Bundesrat: 4

Quelle: Schülerkalender 1991/1992, hg. von Bundeszentrale für politische Bildung, Bonn.

M 1.13

Karte der Bundesrepublik mit Bundesländern

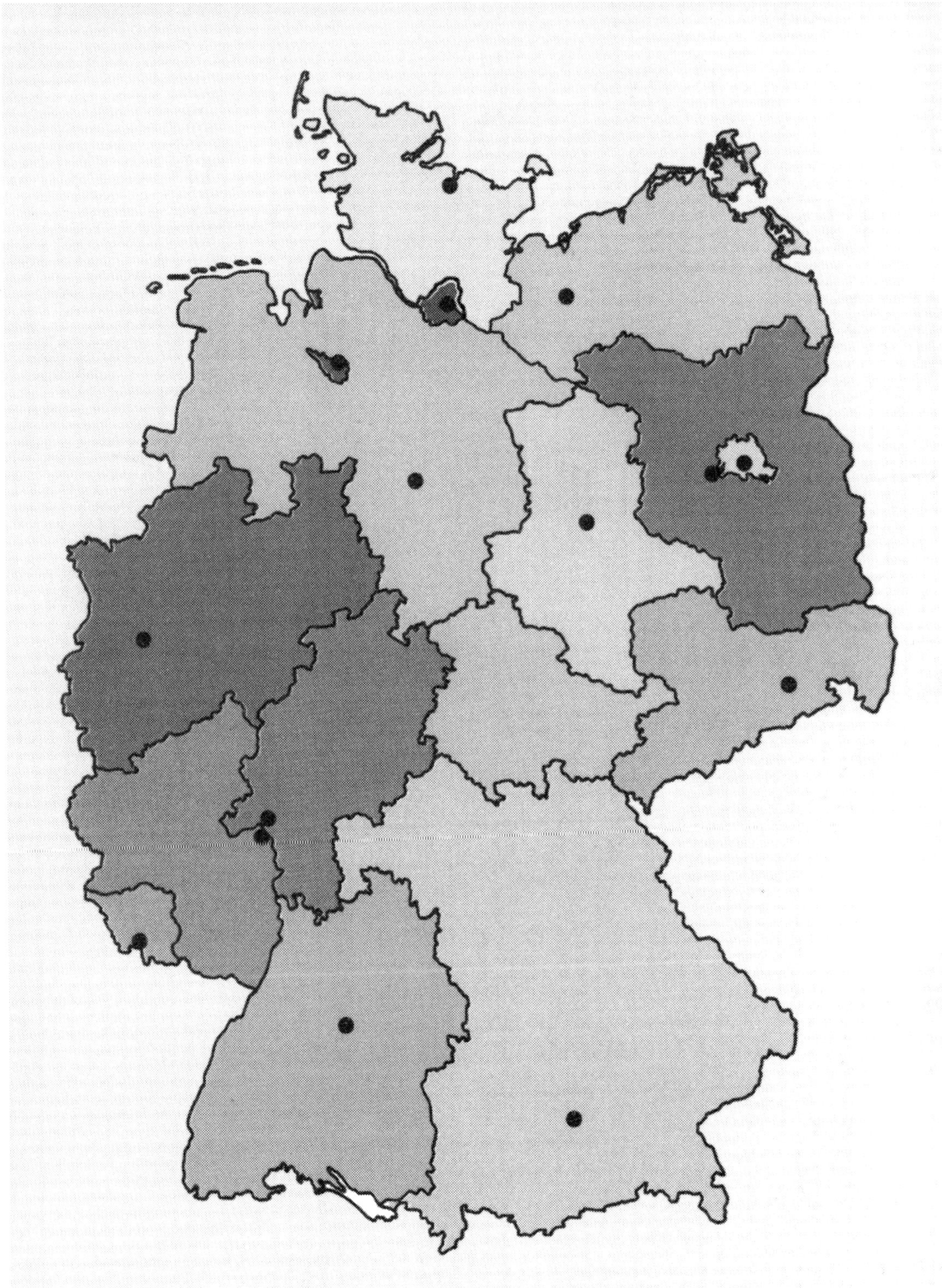

Arbeitsschritte:

a) Legt die Kärtchen mit den Angaben über die Bundesländer nach geographischem Muster (von Nord nach Süd) zusammen und
b) übertragt dann die Daten in die Umrißkarte oben.
c) Das gleiche könnt ihr mit den Landeswappen machen, diese
d) eventuell auch aufkleben.

M 2.1

Info-Karte

Thema der Projektarbeit: Die Entwicklung der Bundesrepublik Deutschland (1949–1994)

Euer Schwerpunkt in der Gruppe: „Die Bundespräsidenten der Bundesrepublik Deutschland (1949–1994)"

Zu eurem Informationsmaterial gehören verschiedene Bildteile, Namen, Lebensdaten, Amtszeiten, Parteischilder und sechs Karten mit Richtig/Falsch-Aussagen. Außerdem findet ihr sieben Kurzbiographien der gesuchten Politiker mit zwölf verschiedenen Fragen!

Eure Aufgabe:
Ordnet bitte die Bilder der Bundespräsidenten auf eurem Gruppentisch in fortlaufender Reihe und ergänzt alle Informationen entsprechend der Personen! Legt eine Tabelle mit fünf Spalten an!
Benutzt dazu euer Geschichtsbuch und andere Bücher, die euch dabei nützlich sind. Auch das Grundgesetz müßt ihr euch besorgen. Laßt euch von eurer Lehrerin oder eurem Lehrer beraten.
Folgende Leitfragen können euch bei der Arbeit helfen:

a) Sind die Puzzleteile der Bilder richtig zusammengefügt?
Habt ihr das „Kuckucksei" entdeckt und beiseite gelegt?
b) Konntet ihr die Namen und Vornamen richtig zusammenbringen?
c) Habt ihr unterschieden zwischen Amtszeit und Lebenszeit eines Politikers und die Kärtchen richtig zugeordnet?
d) Konntet ihr die ehemalige Parteizugehörigkeit der Bundespräsidenten benennen?
e) Wer wählt den Bundespräsidenten? Habt ihr im GG nachgeschlagen und die zutreffende Antwort gekennzeichnet?
f) Welche Aufgaben hat der Bundespräsident? Habt ihr im GG nachgeschaut und die falschen Antwortkarten beiseite gelegt?
g) Habt ihr die „Kurzbiographien" entschlüsselt und dem jeweiligen Staatsoberhaupt richtig zugeordnet?
h) Nun solltet ihr die zwölf Fragen mit Hilfe des Geschichtsbuches schriftlich beantworten. Arbeitet sorgfältig und überlegt genau, wie ihr die Antworten formuliert, damit sie klar, informativ und für jedermann verständlich sind. Das Ergebnis gebt ihr für eure Gruppe bei der Lehrerin oder beim Lehrer ab.

Manche Beispiele sind etwas schwieriger, also nehmt euch die Zeit, gründlich nachzuforschen.
Als Hilfe folgende Tips:

- Sucht zuallererst das jeweilige Bild in einem der Geschichtsbücher, dann stoßt ihr auch auf Überschrift bzw. Thema und Jahreszahl.
- Benutzt in den Büchern die Inhaltsübersicht, Stichwortverzeichnisse und Personenregister (meist hinten im Anhang), dazu die Übersichtstabellen mit Geschichtszahlen und anderes mehr.

Ihr braucht folgende Bücher für euer Thema:

A = ____________________

B = ____________________

C = ____________________

Und das allerwichtigste: Arbeitsteilung innerhalb der Gruppe! Dann schafft ihr es bestimmt innerhalb der vorgegebenen Zeit.
Wenn ihr alle Arbeitsschritte bewältigt habt, heftet das Resultat eurer Bemühungen an eine Zeitleiste (1945 – 1950 – 1955 … bis 1995, z.B. auf Tapetenrolle, ca. 2 m lang), entsprechend der Amtszeiten der Präsidenten. Es muß vorher klar sein, wie ihr die einzelnen Informationskärtchen anordnen wollt.
Erläutert euren Mitschülerinnen und Mitschülern, was ihr in der Gruppe erarbeitet habt, was ihr dabei gelernt habt, was schwierig war und warum, was euch aufgefallen ist usw.
Die Kurzbiographien könnt ihr auch separat halten und der Klasse als Rätsel aufgeben. Mal sehen, ob es „kluge Köpfe" gibt, die die Antworten von der Zeitleiste ablesen können.

M 2.2

[Karl Carstens]

Welcher Bundespräsident erzählt hier aus seinem politischen Leben?

Ich komme aus Bremen und habe schon viele Jahre der CDU angehört, bevor ich als Staatsoberhaupt mein Amt antrat. Als der deutsch-französische Freundschaftsvertrag von Adenauer und de Gaulle im Jahre 1963 unterzeichnet wurde, war ich Staatssekretär im Außenministerium. Später, zur Zeit der „Sozialliberalen Koalition", war ich Fraktionsvorsitzender der CDU/CSU im Bonner Parlament.
Ich will nicht verschweigen, daß ich ein scharfer Gegner der neuen Ostpolitik von Brandt und Scheel war. Ich habe damals als Oppositionspolitiker so manche gepfefferte Rede gegen diese neue Außenpolitik gehalten. Doch wie man heute weiß, hat sie sich ja erfolgreich durchgesetzt.
Im Gegensatz zu meinem Nachfolger bin ich als Bundespräsident nur für eine Wahlperiode, also fünf Jahre, im Amt gewesen. Obwohl damals die SPD und die FDP an der Regierung waren, konnte meine Partei, die CDU, den Kandidaten für das höchste politische Amt in Bonn stellen. Das hatte es bis dahin noch nicht gegeben.
So ganz privat will ich euch verraten, daß ich leidenschaftlich gerne gewandert bin. Wenn ich früher mit vielen gleichgesinnten Menschen auf Schusters Rappen unterwegs war, hat das Fernsehen oft davon berichtet. Auf diese Weise habe ich mir bei der deutschen Bevölkerung besondere Sympathien erworben.
Also, wer bin ich denn nun?

____

– ✂ –

M 2.3

[Gustav Heinemann]

Welcher Bundespräsident erzählt hier aus seinem politischen Leben?

Ich komme aus dem Ruhrgebiet und bin gleich nach dem II. Weltkrieg in die CDU eingetreten. Ich habe viele wichtige politische Ämter inne gehabt. Schon 1946 war ich Oberbürgermeister von Essen, dann Justizminister von Nordrhein-Westfalen, danach Bundesinnenminister in Bonn. Doch dies nur für ein gutes Jahr, denn im Oktober 1950 trat ich aus eigener Entscheidung zurück, da meine Partei die Wiederbewaffnung der jungen Bundesrepublik vorbereitete. Ich war der festen Überzeugung, daß mit der Aufstellung von Streitkräften das Ziel der Wiedervereinigung Deutschlands nicht zu erreichen war. Diese Meinungsverschiedenheit war so groß, daß ich sogar aus der Partei austrat und mich einige Jahre danach der SPD anschloß.
Als Sozialdemokrat war ich später Bundesjustizminister in Bonn und zwar zur Zeit der „Großen Koalition". Direkt daran anschließend wurde ich zum Bundespräsidenten nominiert und auch gewählt. Doch wie mein Nachfolger war ich nur für eine Wahlperiode in diesem Amt. Zwei Jahre später bin ich mit 77 Jahren gestorben.
Habt ihr nun eine Vorstellung, wer ich war?

____

M 2.4

[Theodor Heuss]

Welcher Bundespräsident erzählt hier aus seinem politischen Leben?

Meine Wahl zum Bundespräsidenten fand in dem Jahr statt, als das Grundgesetz erlassen wurde. Noch bevor es einen Bundeskanzler gab, habe ich mein Amt angetreten. In der Zeit davor gehörte ich der FDP an.

Eigentlich hätte ich damals auf Rente gehen können, denn ich war schon 65 Jahre alt. Doch meine politischen Erfahrungen, die ich als Abgeordneter im Deutschen Reichstag gemacht hatte, wollte ich gerne der jungen Bundesrepublik zur Verfügung stellen.

Meine politische Aufgabe war schwierig. Ich mußte mit viel Fingerspitzengefühl bei Staatsbesuchen im Ausland dafür sorgen, daß die Deutschen und damit Deutschland wieder als demokratisches Land Anerkennung fanden, nach all dem Schrecken, den die Nazis in Europa und der ganzen Welt verbreitet hatten.

Ich glaube, ich war nach kurzer Zeit sehr beliebt im In- und Ausland. Man sagt mir nach, ich sei humorvoll und bescheiden gewesen.

Meine Amtsperiode, die ja auf zehn Jahre beschränkt war, sollte extra für mich verlängert werden. Dafür hätte man natürlich das Grundgesetz ändern müssen. Doch ich fand das nicht richtig und lehnte dankend ab.

Später sind viele Straßen und Plätze in verschiedenen Städten der Bundesrepublik nach mir benannt worden; auch manche Schule trägt meinen Namen.

Ihr wißt sicher schon lange, wer ich bin!

____

M 2.5

[Heinrich Lübke]

Welcher Bundespräsident erzählt hier aus seinem politischen Leben?

Zehn Jahre nach der Staatsgründung der jungen Bundesrepublik bin ich von der Bundesversammlung in Berlin zum Präsidenten gewählt worden. Nach fünf Jahren hat man mich sogar wiedergewählt, so daß ich erst 1969 abtreten mußte. Vor meiner Amtsübernahme war ich schon für mehrere Jahre Bundesminister für Ernährung, Landwirtschaft und Forsten und gehörte immer der CDU an.

In der Zeit der Weimarer Republik war ich auch als Politiker tätig. Von den Nazis bin ich wiederholt in Haft gesetzt worden. Erst nach dem II. Weltkrieg konnte ich wieder für eine demokratische Partei aktiv werden.

Das Ansehen meines Vorgängers Theodor Heuss konnte ich bei der deutschen Bevölkerung nie erreichen. Ich glaube, man hat mich oft belächelt, wenn es mir an persönlicher Überzeugungskraft gefehlt hat.

Meine Frau Wilhelmine hat mir mit Rat und Tat zur Seite gestanden. Sie war bei allen Leuten hoch geschätzt.

Gott sei Dank gab es damals einen starken Bundeskanzler, so daß die Deutschen im Ausland wieder an Vertrauen gewinnen konnten.

Jetzt wißt ihr bestimmt, wer ich bin!

____

M 2.6

[Roman Herzog]

Welcher Bundespräsident erzählt hier aus seinem politischen Leben?

Meine Wahl zum Bundespräsidenten zog sich lange hin, eine Entscheidung fiel erst im 3. Wahlgang der Bundesversammlung. Das hat es seit 25 Jahren nicht mehr gegeben. Und genauso lange ist es her, daß die Wahl des deutschen Staatsoberhauptes wieder in Berlin stattfinden konnte. Obwohl ich aus Niederbayern stamme, kenne ich Berlin aus früherer Zeit sehr gut. Hier habe ich mit 31 Jahren meine Karriere als Professor für Staatsrecht und Politik begonnen.
Schon vor meiner Ernennung zum ersten Mann im Staat hatte ich ein sehr hohes Amt inne, ich war nämlich der oberste Verfassungshüter in Karlsruhe, d. h. Präsident des Bundesverfassungsgerichtes. Als solcher hatte ich die Aufgabe, zu überwachen, ob die Bestimmungen des Grundgesetzes in Deutschland auch eingehalten werden. Meine Entscheidungen in Sachen Friedens- und Anti-Kernkraftbewegung stießen bei den Politikern und der deutschen Bevölkerung nicht immer auf Zustimmung.
Der Tag meiner Wahl wurde übrigens auf den 23. Mai gelegt, genau 45 Jahre nachdem das Grundgesetz in Kraft getreten ist.
Politisch gesehen bin ich eher ein unbeschriebenes Blatt. Man kannte mich wenig, bevor ich als Kandidat der CDU/CSU ins Rampenlicht der Öffentlichkeit trat. Dabei war ich 1980–1983 sogar Innenminister in Baden-Württemberg.
Begonnen habe ich meine politische Laufbahn als Staatssekretär in Rheinland-Pfalz und gehörte schon damals zum engeren Kreis um Helmut Kohl. Wir kennen uns also sehr gut, aber der langjährige Kanzler weiß ganz genau, daß ich ein bayerischer Dickschädel und damit oft ein unbequemer Zeitgenosse bin. Besonders stolz bin ich darauf, als erster gesamtdeutscher Präsident des wiedervereinigten Deutschland gewählt worden zu sein. Mein Vorgänger, den ich übrigens sehr schätze, hat seinen Amtssitz rechtzeitig von Bonn ins Berliner Schloß Bellevue verlegt. Dort werde ich, so hoffe ich, meinen Amtsgeschäften für viele Jahre nachgehen.
Jetzt habe ich genug über mich verraten! Wie lautet mein Name?

____

M 2.7

[Walter Scheel]

Welcher Bundespräsident erzählt hier aus seinem politischen Leben?

Ich komme aus dem Rheinland und trat als vierter Präsident das höchste Amt der Bundesrepublik Deutschland an. Ich gehörte bis dahin einer kleinen, aber wichtigen Partei an, der gleichen wie „Papa Heuss“. Allerdings war ich nie Prof. Dr. wie dieser oder mein Nachfolger es später war.
Meine politischen Verdienste erwarb ich mir als Vizekanzler und Außenminister zu Beginn der „Sozialliberalen Koalition“, der Kanzler war damals Willy Brandt. Wir haben uns beide dafür stark gemacht, den Ausgleich mit dem Osten zu suchen und konnten unsere Bemühungen mit der Unterzeichnung der „Ostverträge“ erfolgreich abschließen. Als ich dann später Bundespräsident war, allerdings nur für eine Wahlperiode, war ich, glaube ich, bei der deutschen Bevölkerung sehr beliebt. Ich bin sogar als Sänger eines deutschen Volksliedes bekannt geworden: „Hoch auf dem gelben Wagen“, das ging damals als Schallplatte weg wie warme Semmeln.
Meine Vorgänger im Amt des Bundespräsidenten sind, Gott hab' sie selig, alle schon gestorben. Ich bin immer noch ganz munter. Man betitelt mich heute als „Altbundespräsident“, vielleicht habt ihr mal gehört von mir, in den Nachrichten oder sonst wo.
Nun, was glaubt ihr, wer ich bin?

____

M 2.8

[Richard von Weizsäcker]

Welcher Bundespräsident erzählt hier aus seinem politischen Leben?

Ich habe meine Amtszeit nach zehn Jahren beendet und bin damit der sechste Präsident der Bundesrepublik – übrigens der erste für das wiedervereinigte Deutschland.
Ich glaube, ich kann von mir sagen, daß ich im In- und Ausland ein hoch geachteter Mann bin. Ich gehörte früher der gleichen Partei wie Kanzler Helmut Kohl an. Für diese Partei bin ich vor meiner Amtsübernahme Regierender Bürgermeister in West-Berlin gewesen, allerdings nur für wenige Jahre. Mein Herz schlug aber auch noch für Berlin, nachdem ich von der Bundesversammlung zum Staatsoberhaupt gewählt worden war. Mein Motto war immer: „Die Deutsche Frage ist solange offen, als das Brandenburger Tor geschlossen bleibt!"
Nun ja, die Zeiten sind Gott sei Dank vorbei.
Auch in der Hauptstadtfrage war ich wieder einer der ersten, der sich eindeutig für Berlin als Regierungssitz öffentlich ausgesprochen hat. Es ist meine ganz persönliche Überzeugung, daß nach der Wiedervereinigung nur diese Stadt dafür in Frage kommen kann. Inzwischen ist die Angelegenheit ja auch vom Deutschen Bundestag so entschieden worden.
Kennt ihr mich als ehemaligen Bundespräsidenten mit Namen?
Dann wißt ihr also, wer ich bin! Nämlich:

M 2.9 Abbildungen der Bundespräsidenten (Porträts diagonal durchschneiden, „Puzzleteile")

M 2.10 Namen, Vornamen, Lebensdaten, Amtszeiten und ehemalige Parteizugehörigkeit der Bundespräsidenten (zum Ausschneiden)

Heinemann	Carstens	Heuss
von Weizsäcker	Lübke	Scheel
Gustav	Walter	Theodor
Karl	Richard	Heinrich
früher SPD	früher FDP	früher FDP
früher CDU	früher CDU	früher CDU
*1919	*1920	1899 – 1976
1894 – 1972	1884 – 1963	1914 – 1992
1984 – 1994	1949 – 1959	1969 – 1974
1974 – 1979	1959 – 1969	1979 – 1984
Roman	Herzog	früher CSU
*1934	seit 1994	

M 2.11

Fragen zu Stellung und Aufgaben des Bundespräsidenten (zum Ausschneiden)

Wer wählt den Bundespräsidenten? Richtig oder falsch? Suche im GG die entsprechenden Artikel heraus und vergleiche! Der Bundespräsident wird von der Bundesversammlung gewählt, d. h. von der doppelten Anzahl der Mitglieder des Bundesrates. Die Bundesversammlung wird ausschließlich zur Wahl des Staatsoberhauptes vom Bundeskanzler einberufen. Wählbar sind alle Deutschen, die das 40. Lebensjahr noch nicht überschritten haben.	**Welche Aufgaben hat der Bundespräsident?** Richtig oder falsch? Suche im GG die entsprechenden Artikel heraus und vergleiche! Der Bundespräsident schließt im Namen des Bundes die Verträge mit anderen Staaten. Er empfängt die Gesandten. Er ernennt und entläßt die Bundesrichter, die Bundesbeamten, die Offiziere und Unteroffiziere. Er übt im Einzelfall das Begnadigungsrecht aus. Er ernennt und entläßt den Bundeskanzler. Er kann den Bundestag auflösen. Alle Gesetze des Bundes müssen vom Bundespräsidenten gegengezeichnet werden, bevor sie im Bundesgesetzblatt erscheinen.
Wer wählt den Bundespräsidenten? Richtig oder falsch? Suche im GG die entsprechenden Artikel heraus und vergleiche! Der Bundespräsident wird von der Bundesversammlung gewählt, d.h. von den Mitgliedern des Bundestages und der gleichen Anzahl von Mitgliedern aus den Bundesländern. Die Bundesversammlung wird ausschließlich zur Wahl des Staatsoberhauptes von der Präsidentin oder dem Präsidenten des Bundestages einberufen. Wählbar ist jeder Deutsche, der das 40. Lebensjahr vollendet hat.	**Welche Aufgaben hat der Bundespräsident?** Richtig oder falsch? Suche im GG die entsprechenden Artikel heraus und vergleiche! Der Bundespräsident vertritt den Bund völkerrechtlich. Er erläßt im Namen des Bundes Gesetze und schließt Verträge mit auswärtigen Staaten. Er beauftragt und entsendet Gesandte. Er ernennt und entläßt die Bundesrichter, aber nicht die Bundesbeamten, Offiziere und Unteroffiziere. Allein der Bundespräsident übt das Recht der Begnadigung aus. Er wählt den Bundeskanzler und kann den Bundestag einberufen lassen. Alle Gesetze des Bundes und der Länder müssen vom Bundespräsidenten gegengezeichnet werden, bevor sie im Bundesgesetzblatt erscheinen.
Wer wählt den Bundespräsidenten? Richtig oder falsch? Suche im GG die entsprechenden Artikel heraus und vergleiche! Der Bundespräsident wird von der Bundesversammlung gewählt, d.h. von allen Mitgliedern des Bundestages und der gleichen Anzahl von Mitgliedern aus dem Bundesrat. Die Bundesversammlung wird ausschließlich zur Wahl des Staatsoberhauptes vom amtierenden Bundespräsidenten einberufen. Wählbar ist jeder Deutsche, der das Wahlrecht zum Bundestag besitzt und 40 Jahre alt ist.	**Welche Aufgaben hat der Bundespräsident?** Richtig oder falsch? Suche im GG die entsprechenden Artikel heraus und vergleiche! Der Bundespräsident vertritt den Bund völkerrechtlich und schließt im Namen des Bundes die Verträge mit auswärtigen Staaten. Er empfängt die Gesandten. Er wählt die Bundesrichter aus, ernennt alle Bundesbeamte und begutachtet die Offiziere und Unteroffiziere. Er übt in jedem Falle das Begnadigungsrecht aus. Er ernennt und entläßt den Bundeskanzler. Er kann den Bundestag auflösen und neue Abgeordnete auswählen. Alle Gesetze des Bundes müssen vom Bundespräsidenten gegengezeichnet werden, bevor sie im Bundesgesetzblatt erscheinen.

M 2.12

Fragen zur Amtszeit der Bundespräsidenten

Zwei Fragen zur Amtszeit des ersten Bundespräsidenten der Bundesrepublik Deutschland

(194□–195□)

a) Im Jahre 1924 schrieb der spätere erste Bundespräsident einen Brief an Friedrich Ebert. Lest ihn sorgfältig durch und erläutert den historischen Hintergrund, warum dieser Brief geschrieben wurde (siehe M 2.13).
(Ihr müßt dazu im Geschichtsbuch nachlesen.)

b) Während der Amtszeit des ersten Bundespräsidenten ereignete sich der Arbeiteraufstand in Ost-Berlin. Wann war das, warum haben die Menschen protestiert, und wie endete das Geschehen?

Zwei Fragen zur Amtszeit des zweiten Bundespräsidenten der Bundesrepublik Deutschland

(19□□–19□□)

a) Während der Amtszeit des zweiten Bundespräsidenten wurde die Berliner Mauer gebaut. Wann war das, und welche Bedeutung hatte dieses Ereignis für die Berliner und alle Einwohner der DDR?

b) Wenige Jahre danach kam es zum Ende der Ära Adenauer. Wann war das, und wer wurde zum Nachfolger des Bundeskanzlers gewählt?

Zwei Fragen zur Amtszeit des dritten Bundespräsidenten der Bundesrepublik Deutschland

(196□–197□)

a) Die Frage der Wiederbewaffnung spielte in den fünfziger Jahren in der deutschen Innenpolitik eine große Rolle. Wann wurde das Problem diskutiert, wer war dafür, wer dagegen?
Was war das Ergebnis dieses Streits?

b) Was bedeutet „Große Koalition"? Auf welche Jahre bezieht sich dieser Begriff? Was hatte sich in der damaligen Bundesrepublik verändert?

Zwei Fragen zur Amtszeit des vierten Bundespräsidenten der Bundesrepublik Deutschland

(19□□–19□□)

a) Was bedeutet „Sozialliberale Koalition"? Auf welche Jahre bezieht sich dieser Begriff, und welche Bundeskanzler regierten in dieser Zeit?

b) Erläutert den Begriff „Ostverträge". Mit welchen Staaten wurden sie abgeschlossen, und was war ihr Inhalt?

Zwei Fragen zur Amtszeit des fünften Bundespräsidenten der Bundesrepublik Deutschland

(197□–19□□)

a) Warum wurde 1963 der Deutsch-Französische Freundschaftsvertrag geschlossen? Was hat sich seither verändert zwischen Deutschland und Frankreich?

b) Zur neuen Ostpolitik gehörte auch das Berlin-Abkommen. Wann wurde es von wem unterzeichnet? Was war der Inhalt dieses Vertrages?

Zwei Fragen zur Amtszeit des sechsten Bundespräsidenten der Bundesrepublik Deutschland

(198□–19□□)

a) Wann war dieser Bundespräsident Regierender Bürgermeister von West-Berlin? Welcher Partei gehörte er damals an? Warum hat er nur knapp drei Jahre regiert, und wer wurde in Berlin sein Nachfolger?

b) Das Jahr 1989 hat für die politische Entwicklung Deutschlands große Bedeutung. Schreibt alles auf, was ihr darüber erfahren könnt.

Zwei Fragen zur Amtszeit des siebenten Bundespräsidenten der Bundesrepublik Deutschland

(199□–?)

a) Es gibt drei Vertreter/innen für das Amt des Bundespräsidenten.
Nennt sie in der richtigen Reihenfolge.

b) Ist die Position des Bundespräsidenten stärker oder schwächer als die des Bundeskanzlers? Begründet bitte die Erläuterungen dazu ausführlich.

M 2.13

Ein Brief

Im Jahre 1924 schrieb Theodor Heuss, ein damals unbekannter Reichtagsabgeordneter einen Brief an Friedrich Ebert, den ersten Reichspräsidenten in Deutschland (seit 1919). Der Anlaß des Schreibens war ein Gerichtsurteil (1924) gegen Ebert, das ihn des Landesverrats bezichtigte, weil er am Ende des Ersten Weltkriegs (1918) an einem Munitionsarbeiterstreik teilgenommen hatte. In Wirklichkeit habe sich Ebert an der Arbeitsniederlegung beteiligt, um die Arbeiter dazu zu bewegen, den Streik zu beenden. Doch das haben die Richter nicht zur Kenntnis genommen.
Welche Meinung sich der junge Theodor Heuss dazu gebildet hat, könnt ihr aus dem hier abgedruckten Brief entnehmen.

Berlin-Friedenau
Fregestraße 80
25.12.1924

Verehrter Herr Reichspräsident,
zahllosen Deutschen wird es ergehen wie mir, daß ihnen die ausruhsame Stille des Weihnachtsfriedens zerstört ist durch das unfaßbare Unrecht des angeblichen Rechtsspruches von Magdeburg, und daß sie in diesen Tagen mit lebhafter Sympathie und vaterländischer Dankbarkeit Ihrer Person gedenken. Lassen Sie es sich gefallen, daß ich diese Empfindung zum Ausdruck bringe. Sie bedürfen dieser Versicherung nicht; denn in all der Bitterkeit, die Sie manchmal überfallen mag, wird das ruhige Gefühl Sie stark bleiben lassen. Und das Wort Goethes mag Sie durch diese bösen Jahre begleitet haben:

Übers Niederträchtige
niemand sich beklage,
denn es ist das Mächtige,
was man dir auch sage.

Aber es scheint mir eine Pflicht des menschlichen Anstandes und der Dankbarkeit für uns andere, daß wir in diesen Tagen zu Ihnen treten, und Ihnen sagen, daß der Magdeburger Spruch uns erst recht verpflichten soll, im öffentlichen Wirken den Schutz Ihres Namens und Ihrer vaterländischen Leistung zu übernehmen.
Ich hoffe, daß die fürchterliche juristische Groteske, die eine Schande für die deutsche Justiz wie für das deutsche Volk ist, ausgelöscht werden wird; ich rechne freilich damit, daß der trübe Ungeist einer hetzerischen Politik im Mißbrauch des schändlichen Urteils das Schändlichste leisten mag. Dem müssen alle anständigen Elemente, gleichviel welcher Partei, sich entgegenstellen. Dann wird einmal dieser Zwischenfall nichts anderes sein als eben ein Zwischenfall, der den Zustand unseres Volkes charakterisiert, und dessen man sich nur mit Scham und Peinlichkeit erinnert.
Genehmigen Sie, Herr Reichspräsident, den Ausdruck der persönlichen Verehrung

Ihrem sehr ergebenen
Dr. Theodor Heuss
M.d.R.

Quelle: Original im Bundesarchiv Koblenz, III 1 KO-9421/128

Lest euch den Brief sehr genau durch. Wie denkt Theodor Heuss über dieses Gerichtsurteil? Was möchte er Friedrich Ebert ganz persönlich mitteilen? Schreibt es in euren Worten noch einmal auf.

M 3.1

Info-Karte

Thema der Projektarbeit: Die Entwicklung der Bundesrepublik Deutschland (1949–1994)

Euer Schwerpunkt in der Gruppe: „Die Geschichte Berlins nach 1945"

Ihr habt verschiedene Bilder, Überschriften (Themen), Begriffe und Jahreszahlen erhalten.
Eure Aufgabe ist es, mit Hilfe von mehreren Geschichtsbüchern herauszufinden,
a) welches Bild zu welcher Überschrift gehört und
b) welcher Begriff/welches Thema mit welcher Jahreszahl in Verbindung steht.
Außerdem gibt es bei manchen Themenkreisen besondere Umrißkarten, Fragenkataloge oder ähnliches, die ihr bearbeiten sollt.
Wenn ihr diese Aufgabe erledigt habt, studiert die Texte in euren Büchern zu allen Themen intensiv durch und erläutert ausführlich schriftlich, was es zu der Überschrift, zu dem Thema zu berichten gibt.

Diese Arbeiten gebt ihr als Gruppe bei der Lehrerin oder dem Lehrer ab. Manche Beispiele sind etwas schwieriger, also nehmt euch die Zeit, gründlich nachzuforschen. Helft euch gegenseitig dabei.
Und das allerwichtigste: Arbeitsteilung innerhalb der Gruppe!

Als Hilfe noch folgende Tips:
- Sucht zuerst das jeweilige Bild in einem der Geschichtsbücher, dann stoßt ihr auch auf Überschrift bzw. Thema und Jahreszahl.
- Benutzt in den Büchern die Inhaltsübersicht, Stichwortverzeichnisse und Personenregister (meist hinten im Anhang), dazu die Übersichtstabellen mit Geschichtszahlen und anderes mehr.

Ihr braucht folgende Bücher für euer Thema:

A = ____________________

B = ____________________

C = ____________________

Und nun kann's losgehen! Viel Spaß!

M 3.2

Extraaufgabe A: Ein Interview erstellen

Denkt euch ca. zehn Fragen aus den Ereignissen aus der Berlin-Geschichte seit 1945 und schreibt sie auf. Stellt nun diese Fragen an eure Eltern, Großeltern, sonstige Verwandte und Bekannte und nehmt ihre Antworten auf Tonband/Kassettenrekorder auf!
Achtet darauf, daß die Aufnahmen technisch einwandfrei sind, damit ihr sie der Klasse vorspielen könnt.

M 3.3

Extraaufgabe B: Eine Bildcollage kleben

Nehmt alle eure Bilder und laßt sie vergrößern. Schneidet dann jedes Bild einmal durch und setzt aus den Einzelteilen eine Collage zusammen. Laßt euch was Lustiges einfallen! Die Klasse soll dann raten, welche Bildteile zusammengehören und welches Thema dazugehört.
Ihr braucht dazu Magnetköpfe für die Wandtafel.

M 3.4

Zehn Überschriften, Themen und Aussprüche (zum Ausschneiden)

Berlin-Blockade	„Rosinen-bomber“
Mauerbau	Öffnung der Mauer
Währungs-reform	Trümmer-frauen
Berlin-Abkommen	Arbeiterauf-stand in Ost-Berlin
„Auch ich bin ein Berliner“	„Ihr Völker der Welt – Schaut auf diese Stadt"

M 3.5

Neun Zeitkärtchen (zum Ausschneiden)

direkt nach 1945	9.9.1948	26.6.1963
Juni 1948	1948/49	1971
9.11.1989	17.6.1953	13.8.1961

M 3.6

Neun Abbildungen (zum Ausschneiden)

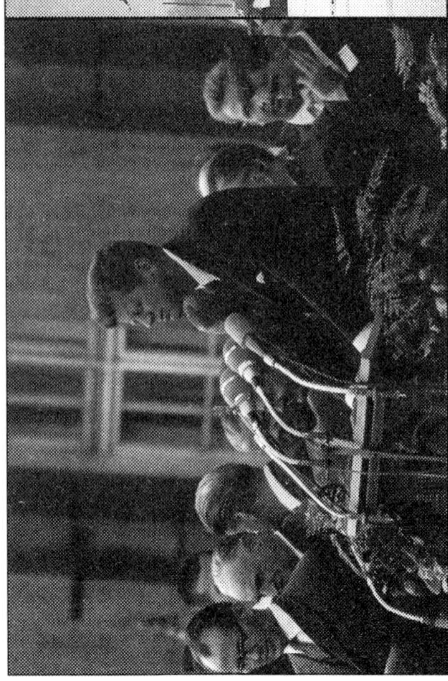

M 4

Quizfragen ausdenken

Ihr sollt 16 Wissenskarten erfinden.
Überlegt euch für euer Thema Fragen und Rätsel nach dem unten vorgegebenen Schema. Legt auch eine Antwortliste an, damit der/die spätere Spielleiter/in eurer Gruppe immer gut informiert ist.
Wendet die folgende Art der Aufgaben auf euer Gruppenthema an.
Ersetzt die vorgegebenen Beispiele mit euren Fragen.
Denkt daran, daß eure Mitschüler/innen die Antworten und Lösungen finden müssen; sie haben sich weniger intensiv mit dem Thema auseinandergesetzt.
Macht es also nicht zu schwer, aber auch nicht zu leicht.
Es geht los!

1. Suche nach vier Begriffen mit einem „Kuckucksei".

Welcher Begriff paßt nicht dazu?
Hier werden vier Begriffe genannt:
z. B. *Rhein – Donau – Harz – Elbe (Antwort: Harz)*
Nun erfindet eure Begriffe.
3 Punkte

2. Formuliert eine Definition und gebt dazu drei Antworten. Nur eine davon ist richtig.

Hier ist eine Definition vorgegeben. Welcher Begriff paßt als Antwort dazu?
Z. B. Definition: *„Zeichenerklärung auf Landkarten"*
Antworten: *Tangente – Legende – Alimente (Antwort: Legende)*
Nun erfindet eine Definition, die zu eurem Thema paßt.
5 Punkte

3. Sucht einen Begriff und gebt dazu drei Definitionen. Nur eine davon ist richtig.

Hier ist ein Begriff vorgegeben:
z. B. *„Deltamündung"*
Welche Definition paßt dazu?
- ein Fluß in Griechenland, der nach dem Buchstaben Delta benannt ist
- die durch Ebbe und Flut erweiterte Mündung eines Flusses
- eine Flußmündung, die durch vielfältige Verzweigung des Flußverlaufs fächerförmige Gestalt erhalten hat

(Antwort: eine Flußmündung, die ...)
Jetzt euer Begriff, dazu drei Definitionen.
5 Punkte

4. Vertauscht die Namen berühmter Persönlichkeiten.

Kannst du folgende Namen richtigstellen?
Z. B. *Helmut Gorbatschow / Willy Kohl / Michail Brandt (Antwort: Michail Gorbatschow / Helmut Kohl / Willy Brandt)*
Erfindet eigene Namenskombinationen.
3 Punkte

5. Formuliert eine Frage nach einer Jahreszahl und gebt dazu zwei Auswahlantworten.

Z. B. *Seit wann ist Bonn der Regierungssitz der Bundesrepublik Deutschland? Seit 1945 oder 1949? (Antwort: seit 1949)*
Jetzt formuliert eine Frage (nach einer Jahreszahl, dazu zwei Auswahlantworten), die zu eurem Thema paßt.
3 Punkte

6. Formuliert einen Lückentext, der ergänzt werden muß.

Ergänze folgenden Lückentext: z. B. *Die Länder Spanien und __________ gehören zur Iberischen Halbinsel. (Antwort: Portugal)*
Sucht nach einem Lückentext für euer Thema.
5 Punkte

7. Bildet eine Frage und formuliert dazu drei Antworten, wovon nur eine richtig ist.

Z.B. *Welche Stadt liegt an der Elbe? Hamburg, Rostock oder Bremen? (Antwort: Hamburg)*
Jetzt eure Frage mit drei Auswahlantworten.
3 Punkte

8. Sucht drei Jahreszahlen aus. Zu einer Jahreszahl muß ein wichtiges Ereignis benannt werden.

Hier werden drei Jahreszahlen genannt:
1933 – 1492 – 1989
Zu einer dieser Zahlen muß ein wichtiges Ereignis genannt werden. *(Antwort: „Machtergreifung Hitlers" oder „Entdeckung Amerikas" oder „Öffnung der Mauer in Berlin")*
Stellt drei Jahreszahlen zusammen, die mit eurem Thema zu tun haben.
5 Punkte

9. Formuliert einen Steckbrief mit drei typischen Merkmalen für eine Person.

Wer ist das? Z. B. *Er sitzt in Rom, ist Oberhaupt der katholischen Kirche und kommt ursprünglich aus Polen? (Antwort: Papst Johannes Paul II.)*
Jetzt euer „Steckbrief"! Welche Person nehmt ihr?
5 Punkte

10. Sucht nach drei zusammengehörenden Worten (Begriffe, Namen) und verdreht deren Buchstaben.

Z. B. *Nenne drei Staaten in Mitteleuropa.* Die Antworten findest du in „Schüttelwörtern" vor:
Zhcsiew – Ldahscuetd – Rchöestier (Antwort: Schweiz – Deutschland – Österreich)
Sucht drei zusammengehörende Worte zu eurem Thema und „schüttelt" die Buchstaben.
6 Punkte

11. Sucht nach einem berühmten Ausspruch (oder einem bekannten politischen Slogan).

Z. B. *„Ihr Völker der Welt! Schaut auf diese Stadt!"*
Wer hat das gesagt? *(Antwort: Ernst Reuter)*
Findet einen Ausspruch oder einen politischen Slogan zu eurem Thema.
6 Punkte

12. Formuliert irgendeine Frage. Es gibt keinen Hinweis auf die Antwort.

Sucht nach einer „guten" Frage.
10 Punkte

13. Gesucht werden vier zusammengehörende Namen oder Begriffe als Lösung. Die Antworten sind als Silbenrätsel vorgegeben.

Z. B. *Nenne vier Städte in Brandenburg.* Du findest die Namen in einem Silbenrätsel versteckt!
an – bran – burg – bus – cott – dam – de – den – ger – mün – pots (Antwort: Angermünde – Brandenburg – Cottbus – Potsdam)
Sucht vier Begriffe oder Namen und formuliert die Aufgabe. Versteckt die Antworten in einem Silbenrätsel.
6 Punkte

14. Formuliert eine „Falsch-Aussage". Der Fehler muß korrigiert werden.

Z. B. *„Adenauer war der dritte Bundeskanzler der BRD!"* Falsch! *(Korrigierte Antwort: Adenauer war der erste Bundeskanzler der BRD!)*
Findet eine „Falschaussage" zu eurem Thema.
6 Punkte

15. Sucht nach vier Abkürzungen.

Was bedeuten die Buchstaben der folgenden Abkürzungen?
Z. B. DDR – SPD – VEB – GG (Antwort: Deutsche Demokratische Republik/Sozialdemokratische Partei Deutschlands/Volkseigener Betrieb/Grundgesetz)
Sucht nach vier Abkürzungen zu eurem Thema.
8 Punkte

16. Formuliert drei Behauptungen. Es muß kontrolliert werden, ob sie richtig oder falsch sind.

Die Frage ist hier: richtig oder falsch?
Z. B. *Italien gehört zu Mitteleuropa.*
Polen gehört zu Nordeuropa.
Großbritannien gehört zu Westeuropa.
(Antwort: falsch – falsch – richtig)
Sucht nach drei Behauptungen, die zu eurem Thema passen.
6 Punkte

Schreibt alle Aufgaben auf gleich große Kärtchen. Alles, was kursiv gedruckt ist, gilt nur als Beispiel! Vergeßt nicht, die jeweilige Punktzahl einzutragen. Nun zu den „Glückskarten". Schreibt noch einmal alle 16 Aufgaben auf neue Kärtchen. Ergänzt aber jeweils +10 Punkte. Außerdem entwerft drei weitere Kärtchen, die jeweils einen Joker enthalten. Jeder Joker bringt automatisch +15 Punkte für die Spieler/innen. Wenn alles vorbereitet ist, erprobt das Quizspiel in eurer Gruppe. Erst danach beginnt die große Spielrunde in der Klasse. Eure Lehrerin/euer Lehrer erklärt euch die Verfahrensweise.

Abbildungsverzeichnis

S. 27 links oben, rechts oben, rechts unten: Günter Bosch, Stuttgart
S. 28 links oben: Günter Bosch, Stuttgart, rechts unten (Nicolaus Kopernikus): AKG, Berlin
S. 29 © Westermann Schulbuch Verlag, Braunschweig
S. 30 links oben: © Stockmann Verlag, Bochum – München
rechts oben: AKG, Berlin
links unten, rechts unten: Germanisches Nationalmuseum, Nürnberg
S. 31 rechts oben, links unten, rechts unten: AKG, Berlin
links oben: Süddeutscher Verlag, München
S. 32 Günter Bosch, Stuttgart
S. 33 links oben: © Stockmann Verlag, Bochum – München
rechts oben: (Sklavenkarawane) © Bildarchiv Preußischer Kulturbesitz, Berlin 1994
links unten: Günter Bosch, Stuttgart
rechts unten: übernommen aus „Geschichte 2" Harms Arbeitsmappen. Paul List Verlag, München 1972
S. 34–37 Günter Bosch, Stuttgart
S. 38 aus: Geschichtliche Weltkunde, Band 2, Schülerarbeitsheft 1, Diesterweg Verlag, Frankfurt 1978, S. 13
S. 47 (Inspektion Friedrichs II. in einer preußischen Wollmanufaktur) AKG, Berlin
S. 63 (Münchner Konferenz, 29.9.1938, Gruppenbild im Verhandlungsraum im Führerbau, v.l.n.r. Chamberlain, Daladier, Hitler, Mussolini, Graf Ciano) AKG, Berlin
S. 70 oben v.l.n.r.: Helmut Schmidt, Willy Brandt, Helmut Kohl, Ludwig Erhard; dpa
unten v.l.n.r. Erich Honecker, Konrad Adenauer, Walter Ulbricht, Kurt Georg Kiesinger; alle außer Adenauer: dpa; Adenauer: AKG, Berlin
S. 74–76 Bundeszentrale für politische Bildung, Bonn; außer Wappen Mecklenburg-Vorpommern: Innenministerium des Landes Mecklenburg-Vorpommern
S. 82 oben v.l.n.r.:Heinrich Lübke, Karl Carstens, Walter Scheel, John F. Kennedy
unten v.l.n.r. Roman Herzog, Theodor Heuss, Gustav Heinemann, Richard von Weizsäcker; alle dpa
S. 90, 1. Reihe v.l.n.r.: John F. Kennedy in Berlin am 26.6.1963; „Ostberliner greifen Sowjettanks an" am 17.6.1953; "Rosinenbomber 1948";
2. Reihe v.l.n.r.:Ernst Reuter; „Trümmerfrauen in Westberlin 1948"; „Bau der Berliner Mauer am 18.8.1961";
3. Reihe v.l.n.r.: „Unterzeichnung des Berlin-Abkommens am 3.9.1971, v.r.n.l. Rush (USA), Abrassinow (UDSSR), Jackling (GB), Sauvagnargues (F)"; „Inkrafttreten des ersten Gesetzes zur Neuordnung des Geldwesens am 18.6.1948"; „Berlin nach Öffnung der Mauer am 11.11.1989"; alle dpa.

Hinweis:

Der Verlag hat sich nach bestem Wissen und Gewissen bemüht, alle Inhaber von Urheberrechten an Beiträgen zu diesem Werk ausfindig zu machen. Sollte das in irgendeinem Fall nicht korrekt geschehen sein, bitten wir um Entschuldigung und bieten an, ggf. in einer nachfolgenden Auflage einen korrigierten Quellennachweis zu bringen.